新・建築家の法律学入門

大森文彦

大成出版社

はじめに

　本書の前身は、「建築家の法律学入門」(彰国社) です。同書は、1992年に発刊されて以来、今日まで20年近くが経過しました。当時を振り返ってみると、建築の設計や工事監理の実務界では法的問題にはほとんど関心がなく、また設計者や工事監理者の法律問題を扱う文献も裁判例もあまりないという状況でした。

　そのような状況下で発刊された同書は、主として建築家に読んでもらおうという狙いがありました。建築の設計や工事監理の法的トラブルは、未然に防ぐことが社会コスト的には最適と考えられ、そのためには、実務に携わる設計者・工事監理者の法的理解が鍵を握っていると考えられたからです。本書の狙いも、この点は変わりません。

　しかし、1992年に「建築家の法律学入門」を発刊して以来、今日までの間、建築界を取り巻く法的状況は激的に変化しました。欠陥住宅問題、構造計算書偽装事件などの社会事象の発生、建築基準法や建築士法の大改正、耐震改修促進法、住宅品確法、建設リサイクル法、景観法、住生活基本法、バリアフリー法、住宅瑕疵担保履行法、長期優良住宅促進法など新法の制定のほか、中央建設業審議会が勧告する民間建設工事標準請負契約約款の大幅な改正、民間 (旧四会) 連合協定工事請負契約約款の数度にわたる改正、四会連合協定建築設計・監理業務等委託契約約款の制定・改正など契約環境の整備もかなり進んでいます。

とくに、2000年には、日本建築学会が司法支援建築会議を創設し、建築訴訟のバックアップ体制をとったことに代表されるように、日本建築学会をはじめ建築実務界も建築関係の法律問題の重要性を認識してきています。

 また、東京地方裁判所と大阪地方裁判所に建築集中部が設置されるほか、最高裁判所には建築関係訴訟委員会が設けられるなどしています。

 さらに、建築設計や工事監理の関係では、2009年に、これまでの旧建設省告示第1206号が廃止され、国土交通省告示第15号が新たに制定されましたが、そこで示される標準業務は、民間の約款である四会連合協定建築設計・監理等業務委託契約約款（2009年改正前）がベースになっています。これは、四会連合協定建築設計・監理等業務委託契約約款が極めて中立・公正な内容であったことの証しともいうべき、画期的な出来事でした。

 このように、約20年もの間に建築界の法的状況が激しく変わり、かつ筆者自身もその後の研究を蓄積してきた中で、「建築家の法律学入門」はそれなりの役割を果たしてきたと思いますが、一方で内容の改訂を強く迫られていたことも事実です。そこで、同書の改訂版の発行も考えられるところですが、時代の激的な変化、研究の進化等に鑑みて、この際、内容を一新すべく、同書を2011年限りで廃刊し、本書を発刊することになりました。

 本書では、設計や工事監理に関しては、最先端の問題を踏まえて解説したつもりです。なお、本書には、設計や工事監理の業務に携わる

方々に設計及び工事監理に関する法律問題を理解してもらおうという意図がありますが、建築学を学ぶ学生諸君に対しても、将来携わる実務界の法的ルールを事前に案内するということも考えています。そこで、法をまったく学んだことのない人々のために、「基本編」に法の基本事項に関する簡単な説明を、巻末の「参考編」に民法に関する簡単な説明を加えました。また、理解を深めるため、テーマごとに適切と思われる裁判例を掲載しました。これらの裁判例の中には、かなり古いものが含まれていますが、それは各テーマの理解にとって最も適していると考えられるものをピックアップした結果です。

　本書が、建築の設計者及び工事監理者の実務において有効な手助けになることを切に願っています。

　約20年という長きにわたって「建築家の法律学入門」を発行して頂いた彰国社の方々に、ここに深く感謝の意を表します。とともに、本書の発行を快く引き受けて頂いた大成出版社の皆様にお礼を述べたいと思います。

　2012年10月

大　森　文　彦

目　次

はじめに

［基　本　編］

法の基本事項 ―――――――――――――――――――――――― 3

1　法の概要 ――――――――――――――――――――――― 3
　1　建築基準法・建築士法と民法の関係（3）
　2　法の特徴（4）
　3　手段としての法（5）
　4　裁判制度（5）
　5　法の解釈（6）
　6　法の効力関係（7）

2　法律関係の概要 ―――――――――――――――――――― 8
　1　民法等の法律関係（8）
　2　刑法等の法律関係（9）
　3　行政法規に基づく法律関係（9）

3　三つの姿と法 ――――――――――――――――――――― 9

［解　析　編］

第1章　建築設計業務の法的解析　13

1　設計業務の法的基本ルール　13

1　契約について（13）
　(1)　契約自由の原則と民法の規定（13）
　(2)　契約の成立と契約書（14）
　(3)　契約の内容（15）
　(4)　契約の効果（16）
　(5)　契約の終了（16）

2　設計契約と建築士法（17）
　(1)　民法と建築士法（17）
　(2)　設計契約の当事者と建築士法（17）
　(3)　設計契約の成立等と建築士法（19）
　(4)　設計業務の実施と建築士法（21）
　(5)　設計業務の再委託契約と建築士法（21）

3　設計業務と不法行為責任（22）
　(1)　不法行為制度の概要（22）
　(2)　設計業務における不法行為責任（24）

2　設計業務における設計の実質的意味と基本構造　24

1　設計業務における設計の実質的意味（24）
2　設計業務における設計の基本構造（25）
3　建築主の要求（26）
4　設計条件の設定とその限界（28）
5　設計条件の整理（30）
6　設計解（31）

7　図書の作成 (31)

③　設計業務と建築生産の段階 ……………………………… 32
1　基本設計と実施設計 (32)
2　実施設計の終了時期 (33)
3　工事段階で設計者が行う実施設計に「関する」業務 (34)

④　設計業務の標準的内容 …………………………………… 36

⑤　設計契約の法的性質—紛争解決に適用される民
　　法の規定は、準委任契約か請負契約か— ……………… 39
1　契約自由の原則との関係 (39)
2　準委任契約か　請負契約か (39)
3　「設計・監理契約」の法的性質 (42)

⑥　設計契約上の注意義務 …………………………………… 43
1　設計契約上の注意義務の内容 (43)
2　予算と契約上の注意義務 (44)
　(1)　予算と設計条件 (44)
　(2)　概算工事費に関する注意義務 (44)
　(3)　予算に関する注意義務 (45)　ケース1　ケース2
3　構造上の安全性と契約上の注意義務 (52)
　(1)　法令への適合性 (52)
　(2)　法令上必ずしも明らかでない事項に関する安全性の基準 (52)
　(3)　安全性のレベルと注意義務 (53)
4　地質調査と契約上の注意義務 (54)
　(1)　地質調査は設計業務に含まれるか (54)
　(2)　設計受託者の資料収集努力義務など (55)
5　建築主の内心的意図と契約上の注意義務 (56)　ケース3　ケース4
6　材料などの選択と契約上の注意義務 (60)　ケース5
7　敷地境界と契約上の注意義務 (62)　ケース6

|7| 設計受託者の説明義務 ……………………………………… 64
|8| 不法行為における設計者の注意義務 ……………………… 66
  1　最高裁の判例(66)
   (1)　判決の内容(67)
   (2)　判決の留意点(69)
  2　基本的安全性配慮義務と安全性のレベル(69)
   (1)　建築主の要求との関係(69)
   (2)　安全性のレベルとの関係(70)
  3　構造上の安全性と不法行為上の注意義務(71)
   (1)　構造上の安全性への配慮義務(71)
   (2)　建築主が要求するレベルの安全性を確保できなかった場合(72)
   (3)　建築主の要求が最低限必要なレベルの安全性を下回る場合(72)
      ケース7 ケース8
  4　仕上げ等の安全性と不法行為上の注意義務(76)　ケース9 ケース10
|9| 設計業務の責任期間 ………………………………………… 79
  1　設計業務の契約責任の期間(79)
  2　設計業務の不法行為責任の期間(79)
|10| 設計受託者の業務報酬支払請求権 ………………………… 79
  1　設計終了後の工事中止(79)
  2　設計中の工事中止(80)
  3　報酬額の約束のない場合(80)　ケース11 ケース12 ケース13
|11| 建築士の資格・建築士事務所登録と設計契約の効力 … 84
  1　建築士事務所登録のない者が契約当事者となり、建築士の資格がない者が設計することを内容とする場合(84)
  2　建築士事務所登録のない者が契約当事者になるが、建築士が設計することを内容とする場合(86)
  3　建築士事務所登録した者が契約当事者となり、建築士の資格のない者に設計させることを内容とする場合(87)　ケース14

第2章　工事監理業務の法的解析 ·············· 90

1　工事監理の法的基本ルール ·············· 90
1　契約一般 (90)
2　工事監理契約と建築士法 (90)
(1)　民法と建築士法等 (90)
(2)　工事監理契約の当事者と建築士法 (91)
(3)　工事監理契約の成立等と建築士法 (91)
(4)　工事監理業務の実施と建築士法 (92)
(5)　工事監理業務の再委託契約と建築士法 (92)
(6)　監理契約と建築士法 (92)
3　工事監理と不法行為責任 (92)

2　工事監理と監理業務の意味 ·············· 93
1　建築士法上の「工事監理」と工事監理を行う場合の業務 (93)
(1)　工事監理とは (93)
(2)　工事監理の意義 (93)
(3)　工事監理を行う場合の業務 (93)
2　監理業務（契約で定められる任意の業務）(94)
3　工事監理と監理業務の関係 (95)

3　国土交通省告示第15号の標準業務 ·············· 96
1　告示第15号の標準業務の意味 (96)
2　工事監理に関する標準業務 (96)
3　その他の標準業務 (98)

4　「確認」(建築士法2条7項) の意味 ·············· 98

5　工事監理契約・監理契約の法的性質
　　―適用される民法の規定は、準委任契約か、請負契約か― ·············· 100

6　工事監理契約上の注意義務 ·············· 101

1　工事監理契約上の注意義務の内容（101）
　　2　設計図書に関する注意義務（102）
　　　(1)　設計図書の不備が発覚した場合（102）
　　　(2)　設計図書の審査義務の有無（102）
　　3　施工図等に関する注意義務（103）
　　　(1)　国土交通省告示第15号と四会連合協定建築設計・監理等業務委託契約約款の取扱い（103）
　　　(2)　施工図の意味（103）
　　　(3)　事前の工事監理（104）
　　4　施工計画に関する注意義務（104）
　　5　工期に関する注意義務（106）
　　6　工事監理の方法（常駐監理と重点監理）と注意義務（106）　ケース15

7　不法行為における工事監理者の注意義務 ……………… 110
　　1　最高裁の判例（110）
　　2　不法行為における注意義務の具体的内容（110）
　　　(1)　設計図書との関係（110）
　　　(2)　安全性のレベルとの関係（111）　ケース16　ケース17　ケース18

8　工事監理業務の責任期間 ……………………………………… 117
　　1　工事監理業務の契約責任の期間（117）
　　2　工事監理業務の不法行為責任の期間（117）

9　工事監理受託者の業務報酬支払請求権 ………………… 117

[プラスα編]

第1章 紛争解決システム ……………………………… 121

1 様々な紛争解決手段 ……………………………… 121
2 裁判システム ……………………………………… 122
1 事実のとらえ方 (122)
2 立　証 (123)
3 証拠の整備 (123)
3 調　停 …………………………………………………… 125
4 仲　裁 …………………………………………………… 126
5 建設工事紛争審査会 …………………………………… 127

第2章 工事請負契約の概要 ……………………………… 129

1 請負契約の意義 ………………………………………… 129
2 請負契約と建設業法 …………………………………… 130
1 請負契約の成立と建設業法 (130)
2 契約約款と建設業法 (130)
3 建設業法の主な規制 (131)
3 請負人の責任 …………………………………………… 132
1 下請負の利用 (132)
2 仕事完成義務・目的物引渡し義務 (132)
3 建築物の所有権の帰属先 (132)
4 危険負担 (133)
5 請負人の瑕疵担保責任 (133)
6 施行者の不法行為責任 (136)

- 4 注文者の報酬支払義務 ……………………………………… 137
  - 1 報酬の支払時期 (137)
  - 2 報酬額 (137)
- 5 請負契約の終了 ……………………………………………… 138

第3章 責任施工の法的解析 …………………………… 139
- 1 責任施工の概要 ……………………………………………… 139
- 2 責任施工と建築士法・建築基準法 ………………………… 140
  - 1 責任施工の合意の外形 (140)
  - 2 建築士法・建築基準法との関係 (141)
- 3 責任施工における設計者・工事監理者の注意義務 …… 142
  - 1 契約上の注意義務 (142)
  - 2 不法行為上の注意義務 (142)

[参 考 編] 民法の基本的事項

- 1 権利・義務の帰属先について ……………………………… 145
  - 1 自然人と法人 (145)
  - 2 権利能力の始期と終期 (145)
- 2 権利の内容 …………………………………………………… 146
  - 1 物権と債権 (146)
  - 2 「物権は債権に優越する」の意味 (146)
- 3 権利・義務の発生、消滅とその原因について ………… 147
  - 1 権利・義務の発生、消滅の原因 (147)
  - 2 意思表示の構造と効力 (147)
    - (1) 意思表示の構造 (147)

(2) 錯　　誤 (148)

   (3) 心裡留保 (149)

   (4) 詐欺・強迫 (150)

   (5) 通謀虚偽表示 (151)

   (6) 第三者との関係 (151)

4　物権について　……………………………………………………… 155

  1　「物」の意味 (155)

  2　所有権、引渡しと担保物権 (156)

   (1) 所有権 (156)

   (2) 占有権 (156)

   (3) 担保物権 (156)

  3　所有者の請求権 (157)

  4　登記について (158)

   (1) 公示方法としての登記 (158)

   (2) 対抗要件としての登記 (161)

  5　物権の取得・喪失について (162)

5　債権について　……………………………………………………… 163

  1　債権の概要 (163)

  2　債務不履行 (165)

  3　同時履行の抗弁権 (167)

  4　危険負担 (168)

6　契約解除の効果　…………………………………………………… 169

  1　契約当事者間の効果 (169)

  2　第三者に対する効果 (170)

7　特殊な不法行為について　………………………………………… 172

  1　使用者責任 (172)

  2　共同不法行為 (173)

  3 工作物責任 (173)
8 代理について ……………………………………………… 174
  1 代理の要件 (174)
  2 使　者 (176)
  3 無権代理 (176)
  4 表見代理 (177)
9 時効について ……………………………………………… 179
  1 時効制度の概要 (179)
  2 時効と援用 (179)
  3 時効の中断 (180)
  4 時効と除斥期間 (180)
  5 時効の効果 (181)

〔参 考 資 料〕

 ○建築士法（抄）（昭和25年5月24日法律第202号）……………… 185
 ○建設業法（抄）（昭和24年5月24日法律第100号）……………… 206
 ○建築士法（昭和25年法律第202号）第25条の規定に
  基づき、建築士事務所の開設者がその業務に関して
  請求することのできる報酬の基準を定める件（抄）
  （平成21年1月7日国土交通省告示第15号）……………………… 209

基本編

法の基本事項

　本書は、設計者や工事監理者を中心とした建築生産に関与する人々や建築を学ぶ学生諸君らに建築設計と工事監理の法律関係（とくに民法を中心とした法的義務）について理解してもらおうという意図があります。そのためには、法に関して知っておくべき基本的な事項がありますので、以下少し抽象的になりますが、簡単に説明します。

1　法の概要
1　建築基準法・建築士法と民法の関係
　建築基準法や建築士法、建設業法は、法の分類からするといわゆる「公法」に属します。公法とは、簡単にいえば国家（地方公共団体を含む）と国民との間の権利・義務関係（法律関係）を定める法のグループです。憲法、行政法（国家公務員法、地方自治法などの総称。建築基準法、建築士法、建設業法もこれに含まれます。刑法、訴訟法（裁判所における訴訟手続きを定めた法、民事訴訟法や刑事訴訟法）などです。
　これに対して「私法」とよばれる法のグループがあります。国民と国民との間の権利・義務関係（法律関係）を定めています。民法、商法、会社法などがこのグループに所属します。建築主と設計者・工事監理者の関係も、これらの法律によって規律されることになります。
　つまり、公法は国家と国民の関係、私法は国民同士の関係ですから、たとえば、建築士法や建築基準法を守っていても民法上の責任（他の国民に対する責任）が生じるケースはあり得ますし、逆に、民

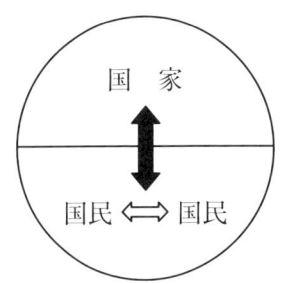

↕ 公法の関係
　（憲法、刑法、建築基準法、建築士法、建設業法など）

⇔ 私法の関係
　（民法、商法など）

法上の責任はなくても建築士法や建築基準法上の責任（国家に対する責任）が生じる場合もあります。また、建築士法上、建築基準法上、民法上いずれも責任がない場合もあれば、いずれも責任がある場合もあります[1]。

　この点は、建築設計や工事監理の法律関係の理解の第一歩です。設計者らは実際の活動において、建築士法や建築基準法のルールだけでなく、民法上のルールも熟知する必要があります。

2　法の特徴

　人間社会は、およそ多くの人々との共同生活になるので、そこには一定の決まりというものが必要になりますが、こうした決まりは、法、道徳、しきたり、風習などいろいろな形で存在します。しかし、これらの決まりの中で法だけは他のものと違った面を有します。たとえば道徳、しきたり、風習などに違反した場合、周りの人々から白い眼で見られたり、嫌われたりすることがありますが、国家はその違反行為について何も制裁を加えません。ところが法に違反する場合にはそうではありません。法が、他の決まりと決定的に違うのは、法の定めに違反した場合、国家による強制力が働くという点にあることに注意してください[2]。

1　このほかに、公法と私法との中間的存在としての「社会法」（労働法など）とよばれるものもありますが、ここでは省略します。

3　手段としての法

　法には目的があり、法はその目的を達成するための手段として存在しています。その目的とは、「社会秩序の維持」と「正義の実現」です。

　社会秩序を維持するためには、法が安定していなければなりません。もし法が朝令暮改的に不安定であれば、人々は何をルールとして守ればよいかわからなくなり、混乱をきたします。したがって社会秩序の維持は、「法的安定性」を要求します。

　しかし、たとえルールが一定だとしても、そのルール自体が正義に合致しなければ、そのルールは単なる力でしかなくなります。力による支配が決して人間に幸福をもたらさないことは、歴史をみても明らかです。もっともこの正義というものは少し厄介です。それは人により、また時代によって異なるからです。しかし、割り切って、多数の人が感じる具体的な妥当性と考えることもできます。

　法は、こうした目的を達成するための手段ですから、適宜、目的に応じた解釈がなされます。

4　裁判制度

　法は、権利・義務をめぐる紛争が生じたときの解決手段として、裁判制度を用意しています。裁判は、裁判所という国家機関によって、「法を適用する」という形で紛争を解決します。（紛争解決の様々な方法については、「プラスα編　第1章　紛争解決システム」を参照してください。）

　では、「法を適用する」とは、どういうことでしょうか。

　たとえば、あるAという事実が存在するとします。また、この事実

2　たとえ法であっても、道徳に支えられないものは、やがては決まりとして機能しなくなると思います。

に対応する規範B（法律上の条文など）が存在し、当該規範BからはCという結論が出るとします。そうすると、Aという事実はBという規範にあてはまり、Aという事実に対しては、Cという結論が出ます。簡略化していえば、「AはBにあてはまる」「BからはCという結論が出る」ゆえに「Aに対してはCという結論が出る」という三段論法です。つまり、ある事実（A）について結論（C）が出されるのは、あくまで事実（A）に対して法（B）が適用された結果です。

裁判の機会は、第一審から第三審まで与えられています。できる限り真実に即した裁判を行うためです。

もっとも、3回も裁判をすることになれば大変な費用と時間がかかります。したがって、できるだけ裁判を避けることが望ましいのですが、そのためには、トラブルに巻き込まれないよう事前の策をとっておけば、相手も無駄な争いをやめる可能性が高いし、仮に裁判になったとしても、事前の準備をしておけば、裁判を迅速に決着させることができます。

こうしたことからもわかるように、契約内容を充実し、よく理解することや、打合せを記録しておくことなど、万一紛争が生じた場合に備えた準備が十分であればあるほど、逆に紛争が発生しにくくなる、すなわち予防になるのです（この点については、「プラスα編　第1章　紛争解決システム」を参照してください）。

5　法の解釈

法を適用する際、規範Bの意味内容を法の目的に沿って明らかにする場合があります。これを「法解釈」といい、法律の専門家にとって重要な問題ですが、設計者や工事監理者のような法律の専門外の人々にとっては理解しにくく、また実務上さほど必要性を感じないところでもあります。したがって、この点については省略します。

6　法の効力関係

　ところで国家によって定められた法（制定法）には、効力の優劣関係があります。たとえば、誰もが知っているように、憲法は法律に優越し、法律は政令に優越します。法律は、国民の代表者で構成される国会が制定しているのに対し、政令は内閣という必ずしも国民の代表といえない機関によって制定されていることからすると、法律の方が政令などより優越することは簡単に理解できると思います。条例についても同様です。条例を制定するのは、地域住民の代表ではあっても、国民の代表ではないからです。

　また同じ法律でも、一般法と特別法の関係に注意が必要です。たとえば、国民同士の権利・義務の関係を定める基本的な法律は「民法」とよばれる法律です。しかし、民法はあくまで一般国民を対象にしているので、同じような行為を何度も繰り返したり、物を多量に扱うなどの取引には必ずしも適さないこともあります。そこでこうした取引や人など対象を限定した法律として「商法」や「会社法」などが用意されています。しかし、商法などで解決できない問題は、民法のルールで解決することになります。このような関係を「特別法（たとえば商法）は一般法（たとえば民法）に優先する」といいます。借地や借家について特別に定められた借地借家法も民法の特別法です。

2 法律関係の概要

　法律関係は、権利と義務の関係をいい、すでに説明したように、私法関係（民法等の法律関係）と公法関係に大別されますが、公法関係の中では、刑法等の法律関係と行政法規に基づく法律関係が建築関係者にとって重要です。
　とくに、行政法に属する建築士法に基づく法律関係は、建築士にとって極めて重要な問題ですので、本書では可能な限り建築士法を意識しつつ説明することにします。

1　民法等の法律関係

　民法や商法・会社法などに基づく国民同士の権利・義務の関係を生じる原因としては、次の二つが重要です。
　まず、契約を締結した契約当事者は、契約に基づいて権利を取得し、義務を負います。
　次に、契約を締結「している」、「していない」に関係なく、一般国民同士の関係で権利・義務が定まるもの（たとえば不法行為）もあります。
　設計者や工事監理者にとっては、建築士法や建築基準法に定められている法的義務には馴染みが深いと思いますが、民法に基づく法的義務について理解している設計者や工事監理者はそう多くはいません。しかし、民法は国民の生活関係を規律する基本的かつ重要な法律です。設計者や工事監理者も、通常は契約に基づいて業務を行っており、民法上の法律関係を築いています。

2　刑法等の法律関係

　刑法などに基づく国家と国民の間の権利・義務関係では、国家が刑罰を科す権利を有し、国民はこれに服する義務を負います。

　たとえば、設計者や工事監理者がミスしたために建築物に瑕疵が生じ、そのために通行人が負傷したりすると、業務上過失致傷罪（刑法211条1項）が適用され、5年以下の懲役もしくは禁錮又は100万円以下の罰金に処せられることがあります。

3　行政法規に基づく法律関係

　行政法規の法律関係は、たとえば建築士法や建築基準法に基づく国家と国民の間の権利・義務関係です。国家は、行政法規に違反した国民に対して、一定の処分をすることができます。

　処分としては、たとえば、建築士や建築士事務所の開設者が建築士法に違反した場合に、国又は地方公共団体が建築士や建築士事務所開設者に対して行う、戒告、業務停止命令、建築士免許取消し、建築士事務所閉鎖命令、事務所登録取消しなどがあります（建築士法9条、10条、26条など）。

③　三つの姿と法

　建築生産に関する議論をするためには「あるべき姿」と「法によって形作られる姿」、それに「現実の姿」という「三つの姿」に注意する必要があります。

　「あるべき姿」は、たとえば建築の設計や工事監理のあるべき姿です。これは現行の法制度にとらわれることなく、建築設計や工事監理を含めた建築生産システム全体のあり方に関する問題であり、時代の変遷にも関わる難しい問題だと思います。

　「法によって形作られる姿」は、現在の建築基準法や建築士法など

の公法だけでなく、民法などの法制度によって規制され、支えられている姿です。設計者や工事監理者は、建築基準法などはよく理解していますが、民法のルールはあまり理解できていないと思います。民法のルール内で業務を行う以上、民法のルールによって形作られる姿というものを十分意識する必要があります。

「現実の姿」は、まさに現実に行われている姿、すなわち実態です。

建築生産に関する議論をする際には、こうした三つの姿があること、とくにこのうち「法によって形作られる姿」を正確に理解しておかないと、いたずらに議論が混乱すると思います。

なお、現実の姿を法によって形作られる姿やあるべき姿に近づける努力が必要なことはいうまでもありませんが、法によって形作られる姿も、現実の姿を踏まえつつ、解釈あるいは法改正などにより、あるべき姿に近づける必要もあります。

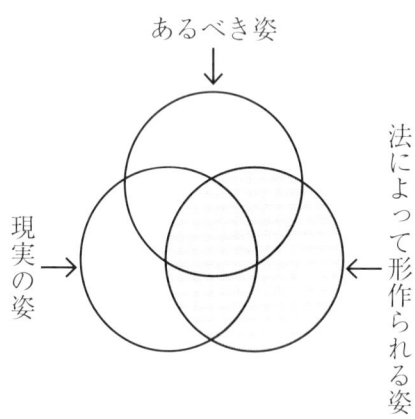

解析編

第1章　建築設計業務の法的解析

1　設計業務の法的基本ルール
1　契約について

　建築主は、自ら設計する場合もありますが、他人に依頼して設計してもらうケースがほとんどです。この他人への依頼と相手方の引き受けは、法的にいうところの「契約」にあたります。

　したがって、建築主からの依頼を受けて設計する場合、建築主側も設計する側も「契約」について十分理解する必要があります。

　そこでここでは、契約の一般的かつ基本的な事項に関して簡単に説明します。

(1)　契約自由の原則と民法の規定

　契約とは、法的には、当事者間の対立する意思表示がその内容において一致することをいいます。簡単にいえば、当事者間で法的な約束をすることですが、どのような内容の約束をしようが、誰と約束をしようが、どのような方式を採用しようが原則として自由です。これを「契約自由の原則」といいます。したがって、口頭の約束だけでも契約は成立します。

　「原則として」といったのは、例外があるからです。たとえば、AとBが賭け事をやり、負けたら1億円を払うという契約を結び、Bが負けたが、Bは1億円を一向に支払わなかったとします。この場合、私的自治の原則からすれば、AとBが自由な意思に基づいて契約したのですから、Bは1億円を支払う義務を負っているようにも見えますが、民法90条（公の秩序又は善良の風俗に反する事項を目的と

する法律行為は、無効とする）により、こうした契約は無効とされます。このように当事者の意思がどうあろうとも、その意思を無視し、いわば強制的に適用される法規を「強行法規」といい、当事者の自由な意思を無視しても守らなければならない利益がある場合に定められるものです。民法90条では、公の秩序や善良な風俗という利益を守ることが法の目的である社会秩序の維持や正義の実現に必要と判断しているのです。

　また、たとえば、AとBがA所有の建物を1億円で売買する契約を締結したが、それぞれが代金支払いと建物引渡しを済ませる前に建物が地震で倒壊してしまったとします。売買契約書でこのような場合どうするかということをあらかじめ決めておけば、その定めに従って解決することになります。しかし、契約書にはまったく触れられていない、つまり当事者の意思が不明な場合は、民法の定めによることになります。このように、当事者の意思がはっきりしている場合はまったく登場しませんが、当事者の意思が不明な場合になってはじめて登場してくる規定を「任意規定」あるいは当事者の意思を補充するという意味合いから「補充規定」ともよばれています。

　以上から、効力の優先順位は、強行規定＞当事者の意思＞任意規定の順となっています。それゆえ、契約書の中で必要なことを決めておけば、いざトラブルという時に契約書に記載されているとおりになりますが、契約書に記載されていないことは、民法上の任意規定に従って解決されることになります。こうしたことからも、いかに契約書が重要であるかがわかると思います。

(2)　契約の成立と契約書

　契約は、すでに説明したように、意思表示が合致すれば成立します。たとえば、設計契約では、建築主が設計を依頼し（これを「申込

み」といいます)、設計側がこれを了解すれば(これを「承諾」といいます)契約が成立します。つまり契約は、基本的に「申込み」という意思表示と「承諾」という意思表示が合致することで成立するといえます。

なお、この場合の合意は、「設計をお願いします」「了解しました」という、設計を依頼することについてはっきりした合意(これを「明示の合意」といいます)だけでなく、言動等を総合的に判断して合意があったとして、契約の成立が認められることもあります(これを「黙示の合意」といいます)。

設計契約や工事監理契約の場合、契約書は、後日、契約が成立「した」、「しない」の争いになった場合の証拠としての意味をもちます。したがって、契約書がないからといって契約が成立していないとは限りません。たとえ契約書がなくても、裁判において、合意が立証できれば、契約の成立が認められます。しかし、契約書以外の方法で合意のあったことを立証するのは、相当難しい作業になりますので、できる限り契約書を作成することが望ましいことはいうまでもありません。

(3) 契約の内容

契約の内容は、すでに説明したように、契約自由の原則により、原則として、当事者同士で自由に決めることができます。つまり、万一当事者間で紛争が生じた場合、原則として当事者同士で決めた内容が解決基準になります。

もっとも、当事者は、あらゆる事項について取り決めているわけではないため、決めていなかった事項について紛争が生じることがありますが、この場合の紛争解決基準は、民法の規定(任意規定)です。

つまり、契約の内容は、当事者が決めた内容(たとえ当事者同士で

決めた内容であっても、民法等の強行規定に反するものは無効とされることは、すでに述べたとおりです）だけでなく、当事者が意識して決めていない事項に関しては、民法の規定が契約内容になっているのと同等です。

(4) 契約の効果
  ① 権利・義務の発生
　　契約が成立すると、当事者には約束した内容通り実現する法的義務が生じます。たとえば、設計契約でいえば、建築主には報酬の支払義務が発生し、設計者には善良な管理者としての注意（これを「善管注意」とよんでいますが、その意味については、後述します）をもって設計を遂行する義務が発生します。
  ② 契約違反
　　契約に違反した場合、契約で定めた責任が生じます。仮に契約で定めていない場合でも、一定の要件のもと、損害賠償等の責任が生じるだけでなく、その契約を解除することも可能です。

(5) 契約の終了
　いったん成立した契約の当事者は、原則としてお互いがその契約に拘束され、契約どおり履行する義務を負っていますが、債務をすべて履行すれば債務は消滅します。
　また、たとえ債務がすべて履行される前であっても、このまま契約を継続するよりいったん契約をなしにして清算した方がよいと考えられる場合もあります。そこで民法は、一定の要件が備わった場合には、契約を解除できる旨を規定しています（このように法律上定められた一定の要件さえ備われば解除権が発生するものを「法定解除」といいます）。

そのほかにも、当事者同士で一定の場合には一方から解除ができる旨を約束したり（当事者間で一定の事由が生じれば、解除権が発生することを合意するものを「約定解除」といいます）、新たな契約として、すでに存在する契約をまったくなかったことにする（これを「合意解除」といいます）場合もあります。

2　設計契約と建築士法
(1)　民法と建築士法
　設計に関する契約を締結する場合、単に民法上のルールの理解だけではなく、建築士法上のルールにも目を配る必要があります。

　すでに説明したように、建築士法は公法であるため、同法による規律は国家との関係にすぎません。一方、契約は、国民同士の関係を規律する私法に属する民法上の問題です。したがって建築士法上の制約が、直ちに民法上の制約になるという関係にあるわけではありません。

　しかし、建築士は、立場上建築士法を遵守することが義務付けられ、同法に違反すると同法に定める制裁（業務停止、免許取消し、罰則など）を受けるなど死活問題まで生じます。また、建築主にとっても、建築士法のルールは、設計する側との信頼関係を維持する上で重要と考えられるものもあります。したがって、設計契約の当事者の合理的な意思として、建築士法上のルールも設計契約の一内容になる場合があると考えられます。

　そこで、ここでは、設計契約に関係する建築士法上のルールについて説明します。

(2)　設計契約の当事者と建築士法
　前述のように、民法上は、契約自由の原則により、誰が誰と設計契

約を締結しようが自由です。したがって、民法の建前からすれば、設計契約の当事者に関する制約は、原則としてないということになるはずです。

しかし、建築物の安全性は、それを利用する人々や近隣住民らの生命や身体の安全性に大きく関係しています。また、建築物の安全性をどのように確保するかについては、一定の技術力が必要です。そこで、建築士法では、一定の建築物については、建築士でなければ設計できないと定められています（建築士法3条～3条の3）。しかし、たとえ建築士であっても、建築士事務所の登録を受けずに、他人の求めに応じて報酬を得て、設計等を業として行うことはできません（建築士法23条の10第1項）。建築士事務所について登録を受けた者を「建築士事務所の開設者」といいます（建築士法23条の5第1項）。また、設計を受託した建築士事務所の開設者が他の者に再委託する場合、建築士個人と契約を締結することは明文で禁止されています（建築士法23条の3）。

つまり、建築士法は、建築士が行う設計に関する契約の当事者として、建築士事務所の開設者を想定しています。

なお、建築士事務所の開設者は、法人の場合と個人の場合がありますが、法人の場合、代表者が建築士である必要はありませんし、個人の場合も、開設者が建築士である必要はないと考えられます。

以上、建築士法を考慮すれば、設計契約を締結する当事者のうち設計を引き受ける者（設計受託者）は、建築士事務所の開設者であって、設計を実際に行う建築士個人ではないことに注意が必要です。

したがって、仮に設計ミスがあった場合、建築主に対して契約上の責任を負う者は、通常、設計を実際に行った建築士個人ではなく、設計受託者としての建築士事務所の開設者（法人又は個人）ということになります。ただ、建築士事務所の開設者が個人であり、かつ設計す

る者も同一人の場合、建築士事務所の開設者と設計する建築士個人を区別する実益はありません。

(3) 設計契約の成立等と建築士法

すでに述べたように、民法上は、口頭の約束さえあれば、設計契約が成立します。契約書は、紛争防止のために必要とされるにすぎず、契約書がないから契約は成立していないというわけではないからです。

しかし、建築士法には、契約の成立の「前」と「後」に制約があります。すなわち、国家との関係では、建築士事務所の開設者は、契約を締結しようとするときは、契約を締結する「前」に、重要事項[3]について、管理建築士又は所属の建築士をして、建築主に書面を交付のうえ、説明させなければなりません（建築士法24条の7）。これに違

---

3 重要事項は、建築士法24条の7に定める次に掲げる事項です。
　① 設計受託契約にあっては、作成する設計図書の種類
　② 工事監理受託契約にあっては、工事と設計図書との照合の方法及び工事監理の実施の状況に関する報告の方法
　③ 当該設計又は工事監理に従事することとなる建築士の氏名及びその者の一級建築士、二級建築士又は木造建築士の別並びにその者が構造設計一級建築士又は設備設計一級建築士である場合にあっては、その旨
　④ 報酬の額及び支払の時期
　⑤ 契約の解除に関する事項
　⑥ 前各号に掲げるもののほか、国土交通省令で定める事項
【上記⑥国土交通省令で定める事項】（建築士法施行規則第22条の2の2）
　① 建築士事務所の名称及び所在地
　② 建築士事務所の開設者の氏名（当該建築士事務所の開設者が法人である場合にあっては、当該開設者の名称及びその代表者の氏名）
　③ 設計受託契約又は工事監理受託契約の対象となる建築物の概要
　④ 業務に従事することとなる建築士の登録番号
　⑤ 業務に従事することとなる建築設備士がいる場合にあっては、その氏名
　⑥ 設計又は工事監理の一部を委託する場合にあっては、当該委託に係る設計又は工事監理の概要並びに受託者の氏名又は名称及び当該受託者に係る建築士事務所の名称及び所在地

反した場合には、戒告、事務所閉鎖命令又は、事務所登録取消しの処分の可能性がある（建築士法26条2項3号）とともに、設計契約の有効性すら問題になりかねません。

契約を締結「後」は、遅滞なく必要事項[4]を記載した書面を建築主に交付しなくてはなりません（建築士法24条の8）。これに違反した場合には、戒告、事務所閉鎖命令、又は事務所登録取消しの処分（建築士法26条2項3号）の可能性があるほか、30万円以下の罰金に処せられます（建築士法41条12号）。

たとえば、契約の成否をはっきりさせないまま、長い間、打合わせを行い、平面プラン案なども提出したが、建築主が設計者側の対応に不満をもち、結局計画が中止になった場合、設計側が設計料等の支払いを求めることがありますが、こうした請求は、多くの場合、設計契約の成立を前提にしていますので、そうなると、重要事項説明や必要事項を記載した書面交付をしていない場合には、建築士法違反の問題が生じることに注意が必要です。

このように、契約の成立に関して建築士法違反となる事態を避けるためには、契約の成否をはっきりさせないまま、長い間、打合わせ等を行うことは避け、できる限り早い時期に契約を成立させるか否かを決め、成立させる場合には契約書を作成するべきです。

4　必要事項は、建築士法24条の8に定める次に掲げる事項です。
　① 前条第1項各号に掲げる事項
　② 設計又は工事監理の種類及び内容（前号に掲げる事項を除く。）
　③ 設計又は工事監理の実施の期間及び方法（第1号に掲げる事項を除く。）
　④ 前3号に掲げるもののほか、設計受託契約又は工事監理受託契約の内容及びその履行に関する事項で国土交通省令で定めるもの
　【上記④国土交通省令で定めるもの】（建築士法施行規則22条の3）
　① 契約の年月日
　② 契約の相手方の氏名又は名称

(4) 設計業務の実施と建築士法

　実際の設計は、契約当事者としての建築士事務所に所属する建築士又は再委託先の建築士事務所に所属する建築士が行うことになります（建築士法3条～3条の3、24条の3）。

　建築士は、建築物の用途、規模等に応じて、一級建築士、二級建築士、木造建築士や構造設計一級建築士、設備設計一級建築士に区別されています（建築士法3条～3条の3、20条の2、20条の3）。

(5) 設計業務の再委託契約と建築士法

　建築の専門分化がかなり進んでいる今日、すべての設計を一人で行える者はほとんどいません。たとえば、設計契約を締結した意匠中心の建築士事務所が構造や設備の設計をそれぞれ専門の建築士事務所に委託することはよくあることですし、こうしたことを禁じる理由はありません。専門分化が進んでいる今日、より良い設計を国民に提供するためにはより適切な専門家に委ねることが望ましいからです。

　しかし一方で、建築主が設計受託者に寄せる信頼を損ねないようにする必要があります。

　そこで、建築士法では、建築士事務所の開設者は、設計業務の「一部」を再委託することはできるが、「全部」を再委託するには、原則として、委託者の許諾を必要としています。もっとも、共同住宅その他の多数の者が利用する建築物で政令で定めるものであって、政令で定める規模以上のものの新築工事に係るものについては、たとえ委託者の許諾があっても「一括」して再委託することはできません（建築士法24条の3第2項）。

　また、たとえ委託者の許諾を得た場合であっても、頼まれた設計を建築士事務所の開設者「以外の者」に委託することはできません（建築士法24条の3第1項）。つまり、いったん引き受けた設計業務を一

部でも他人に依頼しようとするときは、たとえ再委託の相手が建築士の資格を有していても、建築士「個人」に頼むことはできません。

なお、四会連合協定の建築設計・監理等業務委託契約約款[5]では、設計業務すべてを一括して他の建築士事務所に委託することを禁止し、かつ、業務の一部の委託の場合でも委託者の承諾を必要とし（同約款第14条）、建築主が建築士事務所に寄せる信頼を損ねないよう徹底させています。

3 設計業務と不法行為責任

(1) 不法行為制度の概要

民法には、不法行為という制度がありますので、この点につき、簡単に説明します。

およそ国民は、他の国民の権利や法的利益を侵害しないように注意する義務を負っていると考えられます。その義務に違反して、他人に損害（財産上及び精神上）を与えた場合、被害者が契約相手であっても第三者であってもその被害者に生じた損害を賠償する責任があります（この場合の責任は、基本的に金銭による賠償です）。こうした制度を「不法行為」とよんでいます。その代表的な条文が民法709条です。

民法709条は、「故意又は過失によって他人の権利又は法律上保護さ

---

5 四会連合協定の建築設計・監理業務等委託契約約款は、（公社）日本建築士会連合会、（社）日本建築士事務所協会連合会、（社）日本建築家協会及び（社）日本建設業連合会（旧（社）建築業協会）の四会によって、平成11年に制定され、国土交通省告示第15号の制定に合わせて、平成21年に改正されています。

同約款は、「業務委託契約書」（5種類）、「業務委託書」（2種類）、「重要事項説明書」、「建築士法第24条の8に基づき委託者に交付する書面」などと一体となって利用することが予定されているもので、詳しくは大森文彦・天野禎蔵・後藤伸一著「四会連合協定 建築設計・監理等業務委託契約約款の解説」大成出版社を参照してください。

れる利益を侵害した者は、これによって生じた損害を賠償する責任を負う」と定めています。つまり、不法行為が成立するためには、a）故意又は過失に基づく行為、b）損害の発生、c）因果関係、d）違法性が必要と考えられています。一般的には、このほかに責任能力が必要とされていますが、ここでは省略します。

　a）の故意又は過失に基づく行為が必要とされるのは、人は自らの故意又は過失に基づかない行為の結果にまで責任を負わされることがあるなら、もはや安心して行動をとることができないと考えられているからです。この考え方を「過失責任の原則」といい、私的自治の原則とともに民法の大原則の一つとなっています。

　故意は、ある結果の発生を認識し、それを認容することをいいます。日常用語的にいえば、「わかっているのにあえて」です。

　過失は、いろいろな考え方がありますが、おおよそのところ、「予見可能性を前提とする結果回避義務違反」と考えられます。日常用語的にいえば「不注意」です。

　b）の損害は、財産上の損害だけでなく、精神的損害も含むと考えられています。この精神的損害に対して支払われる金銭を一般に「慰謝料」とよんでいます。

　c）の因果関係ですが、自然的因果関係ではなく、故意又は過失ある行為と損害との間に、当該行為によって当該損害が通常生じると考えられる関係を意味すると考えられています。こうした因果関係を「相当因果関係」とよんでいます。

　d）の違法性ですが、条文上は、「他人の権利又は法律上保護される利益を侵害」とされる要件に該当するものです。

　なお、日影、振動、騒音などについては、少しでも被害があれば違法と考えられている訳ではありません。社会生活を営むうえで通常受忍すべき限度（これを「受忍限度」といいます）を超えると評価され

る場合に違法性が認められると考えられています。

　たとえば、Aが建物を建てたためにBの家に日影が生じた場合、Bの日影による被害の程度が受忍限度を超えると考えられるとき、はじめて違法性が認められることになります。

(2) 設計業務における不法行為責任

　不法行為制度のもとでは、すべての国民について、他人に損害を与えないようにする注意義務が課されていますが、その内容は、各人の立場、地位などによって異なります。

　この点、設計者の注意義務については、注目すべき最高裁判所の判決（平成19年7月6日第二小法廷及び平成23年7月21日第一小法廷）がありますので、P66で詳しく説明します。

　また設計業務の場合、不法行為責任は、実際に設計を行った建築士個人にも生じますが、契約当事者である建築士事務所の開設者（個人の場合も法人の場合もあります）も使用者としての責任（民法715条、参考編[7]を参照）などが問題になります。

[2] 設計業務における設計の実質的意味と基本構造
1　設計業務における設計の実質的意味

　建築士法において、「設計」とは、「その者の責任において設計図書を作成すること」をいい、「設計図書」とは「建築物の建築工事実施のために必要な図面（原寸図その他これに類するものを除く）及び仕様書[6]」をいう、とされています（建築士法2条5項）。

　また、建築基準法において、「設計者」は、基本的に「その者の責任において設計図書を作成した者」とされています（建築基準法2条17号）。

　建築士法にいう設計とは、設計の成果を表現する設計図書や仕様書

をその者の責任において作成するというだけで、設計の実質的意味内容には触れていません。また、他人から依頼されることを必ずしも前提としていません。

しかし、設計業務は、他人である建築主の要求に基づいて行われます。したがって、設計業務における設計の実質的意味合いは、「建築主の要求に対し、設計者の創造性を発揮しつつ、ある一定の解を出す作業」と考えられます[7]。

2 設計業務における設計の基本構造

一定の設計解を出すためには、その前提として、設計条件が必要です。建築主の要求がそのまま設計条件になる場合(たとえば、確定している敷地など)もあれば、建築主の要求そのままでは適切な設計条件にならない場合も数多く存在します。後者のような場合、設計者は、建築主の要求をもとに合理的に設計条件を設定するのが一般的です。

したがって、設計業務における設計作業は、分析的にいえば基本的には、次の構造を有しているといえます。

① 建築主の要求の存在
② 当該要求等に基づいて合理的に設計条件を設定
③ 当該設計条件に基づいて、設計者の創造性を発揮しつつ、合理的に設計解を出す
④ 設計解を表現すべく図書を作成

このように設計業務における設計作業の実質的意味をより分析的に

---

6 仕様書とは、「工事に対する設計者の指示のうち、図面では表すことができない点を文章や数値などで表現するもので、品質、成分、性能、精度、製造や施工の方法、部品や材料のメーカー、施工業者などを指定するもの。略して「仕様」ともいう。」(建築大辞典第2版 P.792 彰国社)
7 拙著「建築工事の瑕疵責任入門新版」P.28 大成出版社

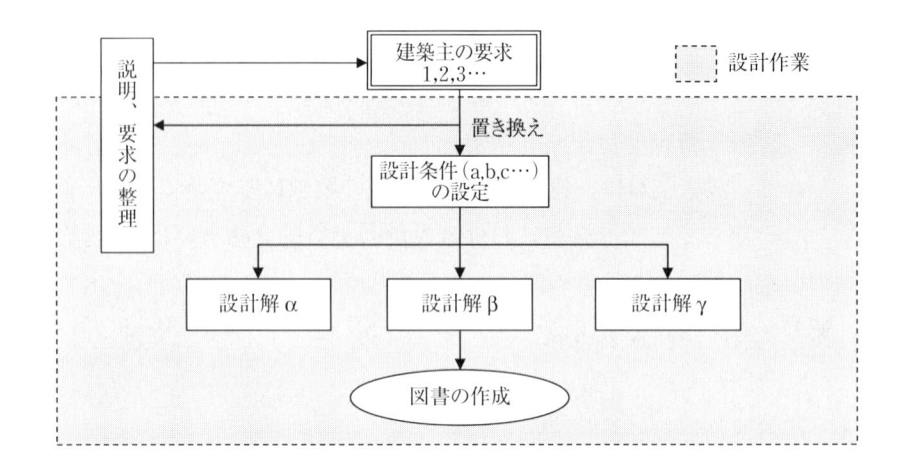

```
                    ┌─────────────┐
              ┌────→│ 建築主の要求 │ ┌┄┄┄┄┐ 設計作業
   ┌──┐      │     │  1,2,3…    │ └┄┄┄┄┘
   │説│      │     └──────┬──────┘
   │明│      │       置き換え│
   │、│      │            ↓
   │要│      │     ┌─────────────┐
   │求│──────┤     │設計条件(a,b,c…)│
   │の│      │     │   の設定    │
   │整│      │     └──┬───┬───┬──┘
   │理│      │       ↓   ↓   ↓
   └──┘   ┌──┴──┐┌──┴──┐┌──┴──┐
          │設計解α││設計解β││設計解γ│
          └─────┘└──┬──┘└─────┘
                    ↓
              ┌───────────┐
              │ 図書の作成 │
              └───────────┘
```

いえば、「建築主の要求等に基づいて合理的に設計条件を設定し、当該設計条件に基づいて、設計者の創造性を発揮しつつ、合理的に設計解を出し、それを図書化する作業」と考えられます。

3　建築主の要求

　設計業務における設計作業は、他人である建築主の要求に基づいて行われるため、建築主の要求が設計内容に反映されている、いないをめぐる紛争が数多くあります。したがって、設計契約の法律関係を考えるうえでは、まず建築主が何を要求しているかを特定することが重要です。

　もっとも、建築主の要求には、以下のとおり、様々な問題があります[8]。

①　要求の曖昧さ

　建築主の要求は、たとえば、「できるだけ静かな住宅をお願いし

8　拙著「建築工事の瑕疵責任入門新版」P.78 大成出版社、齋藤隆編「建築関係訴訟の実務」P.30 新日本法規出版

ます」など主観的、抽象的、定性的なことが多く、発注者の意図と設計者の理解に齟齬(そご)が生じることが多くなります。

② 要求相互の矛盾ないし要求の非実現性

建築主から様々な要求が出された場合、設計者は、各要求の相互調整を行いますが、その過程で要求相互に矛盾ないしその実現性に支障が生じることがあります(たとえば、予算内では到底収まらない要求が出される場合)。このような場合、設計受託者としては、建築主と要求の優劣についての打合せを行い、場合によっては、いくつかの要求を撤回したり変更したりするよう助言する必要もあります。しかし、建築主がすべての要求を満足する設計を行うことに固執した場合、事実上設計不可能という事態に陥る可能性もあります。

また、要求相互の矛盾などは、設計契約締結時には判明せず、その後の設計作業を通じて次第に判明することも多いと思われます。したがって、建築主としての要求が必ずしも十分に反映された設計になっていないことが判明する時点では、すでに設計業務として相当の作業量をこなしている段階であることも多く、そのため設計料の支払いをめぐる紛争へと発展しやすくなります。

③ 要求の時間差問題

建築主の要求は、できるだけ設計契約の締結時又は契約後できる限り早い時期に示されることが望ましいのですが、実際には、建築主は建築の専門知識をもたないことが多いため、その後の打合せを通じて次第に明らかになったり、ある日突然変更されることも多いようです。

このような場合、設計受託者としては、すでに遂行してきた計画内容をその都度変更することになり、場合によっては、期日までに業務を終了できなくなったり、構造計算そのもののやり直しといっ

た事態にまで発展することもあります。
　④　情報の偏在
　設計に関する情報は、専門技術的な事項が多く、基本的に設計受託者側に情報が偏在し、かつ非専門家には理解できないことが多いため、建築主と設計受託者側とコミュニケーションがうまく取れないことが多くあり、そのため紛争へと発展するケースもよくあります。
　また、情報の偏在は、設計受託者の説明義務の実質的根拠にもなっています（設計受託者の説明義務については、P64を参照）。

4　設計条件の設定とその限界
　建築主の要求条件と設計条件の関係については、近隣と争いのない敷地範囲など、建築主の要求をそのまま設計条件として問題のないケースと、主観的、抽象的な要求を定量的な設計条件に置き換えるなど建築主の要求を合理的な設計条件に変換しなければならないケースがあります。ここでは、後者について説明します。
　建築主の要求の中には、構造・設備など具体的なものもありますが、主観的、抽象的又は定性的なものも数多くあります。たとえば「地震に遭っても大丈夫な建物」という要求がなされたとして、この程度の定性的な表現では一義的な設計条件にはならず、設計としての解にかなりのばらつきが生じ、場合によっては建築主の意図と大きなズレを生じることがあります。したがって、設計条件としては、できるだけ客観的、具体的、定量的になっていることが望ましいことはいうまでもありませんが、建築主があらゆる要求を当初から具体的、定量的に示すことは不可能に近いといえます。
　したがって、建築主の要求に沿った設計を行うためには、建築主の要求をできるだけ客観的、具体的又は定量的な設計条件に置き換える

作業が必要になりますが、そこには、一定の限界もあります。

　たとえば、建築主の要求が「静かな部屋」という場合、どのような遮音構造にするか、どんな遮音材をどのように使用するかを決定する（設計解を出す）ためには、どのような音源に対して、どの程度のうるささまで許されるのかといった具体的な設計条件が明らかになっていなければなりません。

　そこで「どの程度のうるささまで許されるのか」という点に関する設計条件について考えてみます。たとえば、日本建築学会の「建築物の遮音性能基準と設計指針」（第二版）によれば、遮音性能に関する要求水準を「非常に高い」「高い」「平均的・普遍的」「低い」「非常に低い」に分け、要求項目を「室内条件」と「外部条件」に分け、それぞれの組み合わせによって要求性能を分類しています。たとえば「静けさの心理的要求」を騒音レベルで見ると、「大変静か」であれば定量的には「20dBA」、「静か」であれば、「30dBA」、「普通」であれば「40dBA」とランク付けされています[9]。

　したがって、一般的には、建築主の要求をこうしたランクにあてはめて設計条件を設定することは、それなりの合理性を有しているといえます。しかし、だからといって、建築主の要求（意図）と完全に一致するとは限りません。

　また、室内や室外の音源等についても定量化しなければなりませんが、外部の音源を調査のうえ合理的に「65dBA」と設定しても、周辺の環境は刻々と変化するため、設計時点で設計条件として設定した数値が将来的に不変であるとは限りません。

　このように、設計条件として設定する数値は、工学的合理性をもったものではあるものの、個々人の主観的要求（意図）と必ずしも一致

9　日本建築学会編「建築物の遮音性能基準と設計指針」（第二版）P.26, 27 技報堂出版

するとは限りません。また、こうした設計条件のもとで解を出すのが設計である以上、たとえ施工者が設計図書どおりに施工したとしても、現実に出来上った部屋が「建築主が（主観的に）要求する静けさ」を満たさない場合も当然あり得ますが、そのことから当然に設計受託者の義務違反が認められる訳ではないことに十分注意する必要があります。

5　設計条件の整理

　建築主の要求（要求1、要求2、要求3…）に基づいて設計条件（条件a、条件b、条件c…）を設定しますが、設計条件同士が矛盾する場合があります。たとえば、建築主の要求（要求1）が、「予算は上限1億円」であるのに、その他の要求（要求2）を満足させようとすると1億円を超えることが明らかであるような場合、予算を含めたすべての設計条件を満足する解は存在しません。このように設計条件を設定するにあたって、条件相互の矛盾等が発覚した場合には、設計受託者は、そのことを建築主に伝え、建築主の要求自体を変えてもらう必要があります。

　したがって、設計受託者としては、建築主の要求と設計条件との間に齟齬(そご)がないかどうか建築主によく説明し、打合せをしながら、建築主が要求する内容にできる限り一致するよう注意して設計条件を設定していくことが必要です。場合によっては、要求1の確認→設計条件aの設定→建築主に説明、確認→設計条件a′に変更→…→設計条件a″に変更…といった作業を繰り返すこともあるでしょうし、要求2の確認→設計条件bの設定→要求3の確認→設計条件cの設定→設計条件bと設計条件cの矛盾発覚→建築主に説明→要求2を撤回又は2′に変更…といった作業を繰り返すこともあります。

6　設計解

　設計解を出すプロセスにおいても、設計条件相互の矛盾等が発覚することがありますが、このような場合、すでに述べたように、設計受託者としては、建築主に伝え、建築主の要求を変更してもらい、設計条件を変更したうえで設計解を出す必要があります。

　ところで、設計としての解は、満足の程度の問題は別にして、数多くある設計条件をすべて満足するものでなければなりません（当然、条件相互間に矛盾などない場合に限ります）が、設計条件を満足する解は、相当数あり得ます。極端ないい方をすれば、設計者の数だけあるといえるかもしれません。設計解には、工学的に可能性のある解が複数存在するだけでなく、設計者の価値判断や創造性が加味されているからです。

　設計者は、存在しうる様々な解のうちから、自らの価値判断や創造性を加えつつ、合理的に一定の解を出すことになります。

　なお、設計解が出た後に、建築主が意図と違うという理由で、その設計解を設計業務の成果として認めないという事態になることがありますが、この場合、建築主の要求に基づいて合理的に設計条件が設定され、その設計条件に基づいて合理的に設計解が出されていれば、債務不履行はないと考えられます。

7　図書の作成

　設計解を決めたら、その内容を建築主や施工者に伝えるため、作図等して設計図書としてまとめ上げていくことになります。

　どのような図面を作るかは、契約によって定められますが、工事をするための設計図書ですから、最終的には施工者が工事を実施するのに最低限必要な情報が記載されている必要があります。

　この点、国土交通省告示第15号では、戸建木造住宅とそれ以外に分

けて、成果図書を例示しています[10]。

3 設計業務と建築生産の段階

1 基本設計と実施設計

設計は、時系列的にいえば、通常、基本設計から始まり、その後実施設計へと進んでいきます。

基本設計は、基本的な構想をまとめるものであり、実施設計は、実際の工事施工に必要な程度に具体化するものです。

両設計は密接な関係があり、その境界は必ずしもはっきりしませんが、基本設計は主として建築主に説明するために用いられることがあり、また、実施設計は主として工事施工者が施工するためのものであり、両設計の有する主たる意味合いが異なることからすれば、両設計業務を区別して考える意味はあると思います。たとえば、基本設計あるいは実施設計が中止された場合の業務報酬額の問題や、基本設計あるいは実施設計としての業務がすべて終了したといえるか否かが問題になったとき、基本設計は建築主に対する説明として十分か否かという観点からの判断を必要とするのに対し、実施設計の場合、工事施工者が施工できるかという観点からの判断も必要とするといったように、その判断の観点が違ってくるからです。

本書では、基本的に、基本設計及び実施設計をともに契約対象としているケースを想定しています。

---

10 たとえば、鉄筋コンクリート造の事務所ビルの場合の実施設計図書として、意匠的には、建築物の概要書、仕様書、仕上表、面積表、求積図、敷地案内図、配置図、平面図（各階）、立面図、断面図（各階）、矩計図、展開図、天井伏図（各階）、平面詳細図、部分詳細図、建具表、工事費概要表などです。構造の図面は、構造形式によりかなり異なります。また、設備も、電気設備、空調換気設備、給排水衛生設備に分かれ、それぞれに必要とされる図面などが例示されています。

2　実施設計の終了時期

　設計受託者が実施設計業務を終了すべき時期は、契約で定められた時期です。また、業務を終了した場合には、実施設計図書を委託者に引き渡す必要があります。

　ただ、実質的にも実施設計業務は、成果物である実施設計図書を引き渡すまでには終了している必要があります。実施設計図書を引き渡した後、当該図書をもとに建築主と施工者との間で工事請負契約が締結されますが、もし工事請負契約締結後にさらに実施設計がなされると、工事請負契約の目的物である建築物の内容が工事請負契約締結当時前提としたものと変わり、工事請負代金や工期など工事請負契約の内容に影響を与えかねないからです。

　これをもう少し説明すると、建築主と建設会社が締結する工事請負契約において、工事請負代金や工期は、基本的に、工事をその時点の実施設計図書どおりに実施することを予定して決められています。したがって、工事に着手した後、実施設計図書が変更されたり、追加されたり、より詳細・具体的になったりすると、その分、工事請負代金に増減変更が生じることが多々あります。たとえば、工事着手後に、外部の金属製カーテンウォールの形状がより詳細に示された場合、当初の設計図書からは一般に読み取れない形状だったために契約当初予定していた価格を大幅に超えたり、すでに手配済みの製品をキャンセルせざるを得なくなることもあり得ます。

　そして、こうした事情で工事請負代金の額が増加した場合、増加分の負担をめぐって建築主と施工者で争いになる可能性がありますが、この場合、建築主側の事情（設計と施工が分離されている場合、建築主と工事施工者との関係では、設計に関する事情は、原則として建築主側の事情と考えられます）による工事内容の変更にあたるため、増加費用は、建築主の負担になると考えられます（建築主は、別途、設

計受託者に損害賠償を請求することになります)。

　したがって、実施設計図書の引渡し後にも設計行為をしようと考えているのであれば、設計受託者は、建築主に対し、工事段階において行う実施設計によって生じる工事代金の増額は、建築主が負担することになることを十分説明した上で設計行為を行うべきです。

3　工事段階で設計者が行う実施設計に「関する」業務

　前述したように実施設計業務は、基本的に、設計図書の引渡しをもって基本的に終了と考えられますが、性質上、工事段階で行うことに合理性のあるものもあります。そこで平成21年の国土交通省告示第15号[11]（以下「告示第15号」といいます）は、工事施工の段階で、「設計者」（工事監理者ではありません）が行うことに合理性がある業務として、以下の業務を挙げています。

a．設計意図[12]を正確に伝えるための質疑応答、説明等

　　工事施工段階において、設計意図を正確に伝えるための質疑応答、説明等を建築主を通じて工事監理者及び工事施工者に対して

11　告示第15号・別添一「1　設計に関する標準業務・三　工事施工段階で設計者が行うことに合理性がある実施設計に関する標準業務」

12　旧建設省告示第1206号では、「設計意図」という設計者の内心に属する事項の「正確な伝達」を工事監理者の業務に含めていました。そのため、拙著・旧「建築家の法律学入門」P.149以下では、設計意図とは、「設計者の内心そのものではなく、設計図書からあくまで客観的に判断されるところの意図と考えるべき」としていました。設計意図は設計者の内心に属する事項であり、設計者と監理者が同一人物であればともかく、別人である場合には監理者が設計者の内心を正確に知ることは困難であること、にもかかわらず設計意図を正確に伝える義務を監理者に課すのは不合理であることなどがその理由です。もっとも、国土交通省告示第15号で、設計意図は、設計者が伝えるべきものであることが明らかにされたため、「客観的に判断されるところの意図」という解釈が適用されるのは、契約で監理者に「設計意図の伝達」を依頼しようとする場合など限られた場面になると思われます。

行うことや、設計図書等の定めにより、設計意図が正確に反映されていることを確認する必要がある部材、部位等に係る施工図等の確認を行う業務です。

b．工事材料、設備機器等の選定に関する設計意図の観点からの検討、助言等

　設計図書等の定めにより、工事施工段階において行うことに合理性がある工事材料、設備機器等及びそれらの色、柄、形状等の選定に関して、設計意図の観点からの検討を行い、必要な助言等を建築主に対して行う業務です。

　これらの業務は、いずれも「設計意図」に関するものです。また、いずれも「設計図書等の定めにより」行われる業務です。

　前記a．は、設計意図を工事監理者や施工者に正確に伝えるために必要な質疑応答、説明等を建築主を通じて行うものであり、また設計図書で予め定めておいた場合に限りますが、設計意図が反映されていることを確認するために施工図等の確認を行うものであり、あくまでも「設計意図」の「説明」「確認」にすぎません。

　前記b．は、これも設計図書で予め定めておいた場合に限りますが、工事材料や設備機器の選定、それらの色、柄、形状等の選定について、設計意図の観点から建築主に必要な助言等をするものですが、あくまでも「助言」であり決定権はありません。

　いずれにしても、実施設計そのものではなく、また請負代金や工期など工事請負契約に影響を与えないことが前提になっていることに注意が必要です[13]。

---

[13] 告示第15号で「実施設計に関する標準業務」となっているのは、本文で述べたとおり、実施設計を新たに行うものではなく、すでに終了した実施設計に関する説明、確認、助言にすぎず、実施設計そのものではないからと考えられます。

なお、工事段階で実施設計そのものを行うことは可能ですが、その場合、工事請負代金額の増減に対処すべく、設計受託者は建築主に対し、工事請負契約上、増加費用は建築主の負担になることをよく説明すべきことは、前記2でも述べたとおりです。

4　設計業務の標準的内容

　設計業務の中核は設計作業であり、設計作業の基本構造についてはすでに述べたとおりです。また、設計を具体的に進めていくため、かつ設計解を成果として表現するためには、設計条件の整理をはじめ様々な業務が必要とされます。業務の具体的内容は、契約で定めるのが基本ですが、設計に関する標準的な業務は、国土交通省告示第15号に示されています。同告示第15号では、基本設計そのもの、実施設計そのものばかりではなく、基本設計や実施設計を行うにあたってよく行われる付随的な業務も含んだうえで、「基本設計に関する標準業務」及び「実施設計に関する標準業務」を挙げています。

　「基本設計に関する標準業務」は、建築主の要求などを設計条件として整理したうえで、建築物の配置計画、平面と空間の構成、各部の寸法や面積、建築物として備えるべき機能、性能、主な使用材料や設備機器の種別と品質、意匠等を検討し、それを総合して設計図書を作成するために必要な業務です。

　「実施設計に関する標準業務」は、工事施工者が設計図書の内容を正確に読み取り、設計意図に合致した建築物の工事を的確に行えるよう、また工事費の適正な見積りができるように、基本設計に基づいて、設計意図をより詳細に具体化し、その結果として、設計図書を作成するために必要な業務です（詳しくは巻末資料P211を参照してください）。

　なお、同告示第15号では、住宅性能評価に係る業務、耐震診断その

他建築物の地震に対する安全性の評価に係る業務などは、標準外の業務とされています（同告示第15号・別添四）。

「一　基本設計に関する標準業務」
「イ　業務内容」
　①設計条件等の整理
　　（ⅰ）条件整理
　　（ⅱ）設計条件の変更等の場合の協議
　②法令上の諸条件の調査及び関係機関との打合せ
　　（ⅰ）法令上の諸条件の調査
　　（ⅱ）建築確認申請に係る関係機関との打合せ
　③上下水道、ガス、電力、通信等の供給状況の調査及び関係機関との打合せ
　④基本設計方針の策定
　　（ⅰ）総合検討
　　（ⅱ）基本設計方針の策定及び建築主への説明
　⑤基本設計図書の作成
　⑥概算工事費の検討
　⑦基本設計内容の建築主への説明等

「二　実施設計に関する標準業務」
「イ　業務内容」
　①要求等の確認
　　（ⅰ）建築主の要求等の確認
　　（ⅱ）設計条件の変更等の場合の協議
　②法令上の諸条件の調査及び関係機関との打合せ
　　（ⅰ）法令上の諸条件の調査
　　（ⅱ）建築確認申請に係る関係機関との打合せ
　③実施設計方針の策定
　　（ⅰ）総合検討
　　（ⅱ）実施設計のための基本事項の確定
　　（ⅲ）実施設計方針の策定及び建築主への説明
　④実施設計図書の作成
　　（ⅰ）実施設計図書の作成
　　（ⅱ）建築確認申請図書の作成

5 設計契約の法的性質 —紛争解決に適用される民法の規定は、準委任契約か請負契約か—

1 契約自由の原則との関係

　設計契約も契約である以上、契約自由の原則から、建築主（委託者）と設計受託者が自由に内容を決めることができます。請負契約としたければ請負契約となるように、また準委任契約（民法上、本来法律行為をすることを委託する契約を「委任契約」といい、設計のような事実行為をすることを委託する契約は「準委任契約」といいます）としたければ準委任契約となるように合意すればよいのです。また、両方の契約をミックスした契約にしたければ、そのように合意すればよいのです。

　しかし、設計を依頼するとだけ決めて、細かい点については何も決めていない場合には、その後に生じる様々な事態における解決の基準がありません。このような場合、民法のどの規定を用いて建築主と設計受託者の権利・義務を決めるのかという問題が、設計契約の法的性質の問題です。

2 準委任契約か 請負契約か

　では、設計契約において、解決の基準がはっきり示されていない場合、民法のどの規定が適用されるのでしょうか。

　考え方としては、設計契約について、請負契約とする考え方、準委任契約とする考え方、その両者を含む混合契約、無名契約とする考え方などがあります[14]。請負契約とする考え方は、設計契約は結局のところ設計図書の「完成」を約束するという点にその根拠を求めている

14　学説の対立状況については、齋藤隆編「建築訴訟の実務」P.90以下（針塚遵）新日本法規、塩崎勉・安藤一郎編「建築関係訴訟法」P.13 青林書院などが参考になります。

と思われます[15]。

　設計契約において、設計図書の完成がその仕事の最終段階となることは事実ですが、設計図書は、設計者の頭の中にある構想（設計解）を建築主や施工者に伝達する一手段にすぎず、設計図書の存在そのものが重要なのではなく、その中身（内容）が重要であり、どんな内容であろうと設計図書が完成しさえすればよいというものではありません。

　すでに述べたように、設計業務における設計作業は、建築主の要求に基づいて、設計者の創造性を発揮しつつ、一定の合理的な解を探る作業ですが、設計作業の前提となる建築主の要求自体に様々な問題が潜んでおり、設計条件を設定するために設計者からなされる説明を受

15　筆者は、設計図書の「完成」にこだわることは妥当ではないと考えています。たとえば医者や弁護士の業務に関する契約が請負契約ではなく、（準）委任契約であることはほとんど争いがありません。この点、医師の治療行為もたとえ結果として病気が治らないとしても「病気を治すことに向けての治療行為を行うことそれ自体」を仕事の完成と考えれば請負契約といえないことはないと思います（つまり「完成」とはどのように仕事内容を把握するかによって変化しうるものだと思います）が、通常はそのように考えません。治療行為も患者が健康体にたとえ戻らなければまったく意味がないというものではなく、あくまで健康体に戻ることに向けて治療を行うこと、すなわち依頼者の目的に向けて専門家としての助力そのものに意義を見出すからでしょう。
　そして、医師や弁護士の業務が、一般的には必ずしも仕事の完成を約するものではないとの評価を得るのは、こうした専門家的立場からの助力という面がその業務の核心をなすと考えられるからだと思います。この点、設計者も医師や弁護士同様、建築主に対する専門家的立場からの助力を与える役割を果たしていると考えられます。
　また、請負契約では、仕事の完成を約束し、かつ瑕疵担保責任という無過失責任を負う以上、契約時点で仕事の結果が予め明確になっている必要があると思います。たとえば、医師の治療行為でも途中経過はどうであれ「患者の病気が治る」という結果を求めるならば請負契約とされることに異論はありませんが、それは病気の治癒という明確な結果が示されているからです。しかし、設計者の設計行為における仕事の結果は、通常、「どんな内容でもいいから設計図書を作る」ことでないことは明らかです。

け、また設計者と打合わせを行いながら徐々に要求を明確化していかざるを得ないという側面を有しているばかりか、設計条件も建築主の要求をもとに合理的に設定したものではありますが、建築主の真意とズレが生じることもあり得ます。つまり、設計解も必ずしも建築主の真意と合致するとは限りません。また設計解は、設計者の数だけあるといっても過言ではありません。このように、設計は、建築主の要求に基づき、設計条件を合理的に設定できているかどうか、そして設計条件に基づく設計解が合理的であるかどうかが問題になるのであって、設計解に至るプロセスの合理性が極めて重要な問題だと思います。

　また、設計業務は、建築主と十分なコミュニケーションを図ってその真意を探りつつ、設計条件を合理的に設定し、その上で創造性を発揮しつつ、合理的な解を出すものですから、建築主からすればまさしく設計者の技能等を信頼したうえで、その特殊な知識・才能を利用するものであり、設計側からすれば、建築主の要求に沿って、様々な設計解があり得るなか、合理的な解を探る作業といえます。別な見方をすれば、設計受託者は、建築主の目的実現に向けて助力をする立場にあるともいえます。

　さらに、法的効果の面からしても、たとえば設計業務の途中で建築士の責めに帰すことのできない事由（故意、過失又は信義則上これと同視しうる場合以外の事由）により設計が中止となった場合、業務遂行の割合に応じた報酬を請求できると解する（準委任契約の立場）ことが簡明ですし、かつ、設計受託者には業務報酬支払請求権がないとして損害賠償請求権の問題とする（請負契約の立場）より妥当です。設計プロセスに応じた評価を与える方が建築主の目的実現に向けて設計者の才能を信頼して業務を依頼するという建築設計の性質に合致するからです。

　加えて、設計の結果に問題があった場合、設計受託者の過失の有無

を問わず責任を負わされる（請負契約の立場）とするより、専門家としての注意義務を果たさなかった場合にのみその責任を負う（準委任契約の立場）とする方が妥当です。設計受託者は、設計の専門家としての注意義務を果たすことが期待され、またその義務を果たすことで足りると考えられるからです。

　以上からして、設計契約は、一般的には準委任契約（民法656条）と解すべきだと思います[16・17]。

　この点、裁判例は、必ずしも明確ではありません[18]。また、四会連合協定建築設計・監理等業務委託契約約款では、設計図書に「かし」があれば追完（修補）及び損害賠償の責任を負いますが、設計受託者が過失のないことを立証したときは責任を免れることになっているなど、過失責任としての準委任契約を基本にしています。

3　「設計・監理契約」の法的性質

　設計契約の法的性質と監理契約の法的性質についての議論とは別

16　準委任契約の根拠については、本文のほか、拙稿「建築設計契約・工事監理契約の法的性質」判例タイムズ772号 P.35以下を参照してください。
17　齋藤隆編「建築関係訴訟の実務」P.91（針塚遵）新日本法規出版によれば、「設計・監理契約は、請負契約の本質とされる「一定の仕事の完成」という色彩に乏しく、準委任契約に典型的な「専門的知識・能力による裁量的事務処理」という色彩が強いといえよう。したがって、準委任契約説（又はこれに準じるとする「無名契約説」）が妥当と考えられる」が、「一般的かつ基本的にそれが妥当するというにとどまる。」とされる。また、松本克美・齋藤隆・小久保孝雄編「建築訴訟」P.238（坂本宗一）民事法研究会によれば、設計業務は、「仕事の完成を目的とするというよりも、専門的知識、能力による裁量的事務処理の色彩が濃い。そのため、実務においては、設計契約は、準委任契約あるいは準委任契約類似の無名契約と解されることが多い。」とされている。
18　原告が請求原因を請負契約に沿って立てた場合、被告もそれを争わなければ、裁判所としては請負契約として処理せざるを得ないでしょうし、準委任契約で請求原因を立てた場合も同様です。したがって、請負や準委任で処理した過去の裁判例をそのまま当該裁判所の考え方とすることは必ずしもあたらないと思います。

に、設計と監理を同一人に依頼する場合の「設計・監理契約の法的性質」が議論されることがあります。しかし、設計・監理契約は、ほとんどの場合、「設計」と「監理」というまったく別の業務を同一人に依頼するだけのことであり、「設計監理」という新たな業務を依頼する訳ではありません。また、まったく別の業務である以上、一緒に依頼したからといって、その法的性質が変わるはずもありません。したがって、「設計・監理契約」という契約形態は、「契約の個数」の問題はともかく、法的性質について議論する実益はないと思います。「設計・監理契約」の法的性質は、設計契約の法的性質と監理契約の法的性質そのものにすぎません。

したがって、設計契約も監理契約も準委任契約と考える筆者の立場からすれば、「設計・監理契約」は、それぞれ準委任契約（民法656条）と考えられます。

6 設計契約上の注意義務

1 設計契約上の注意義務の内容

すでに説明したとおり、設計契約上、設計業務における設計は、「建築主の要求に基づいて合理的に設計条件を設定し、当該設計条件に基づいて合理的に設計解を出し、それを図書化する作業」です。

したがって、設計契約に基づいて行われる設計業務においては、「建築主の要求に基づいて、設計条件を合理的に設定し、当該設計条件に基づいて合理的に設計解を出すよう注意する義務」があると考えられます。

また、この場合の注意の程度は、「善管注意義務」（善良なる管理者としての注意義務）です（民法656条、644条）。すなわち「債務者の職業、その属する社会的・経済的地位などにおいて一般に要求されるだけの注意」をする義務があります[19]。

2　予算と契約上の注意義務

(1)　予算と設計条件

　建築工事にあたって、建築主にとって工事予算額は重要な問題です。たとえば、ある土地にマンションを建設しようとする場合、マンションの建設費がどの位になるか、そのための資金を金融機関から借り入れた場合、金利はどの位になるか、建築後の収入と比較検討した場合建設するメリットがあるか、など収支計算をしたうえで建設計画を立てるのが普通です。すなわち建築主がある建物を建築しようとする場合、工事を含む建設事業全体の費用について考慮することなしに計画をすることはほとんどありません。したがって、建築主の工事予算額は、重要な設計条件の一つといえます。

(2)　概算工事費に関する注意義務

　一般に、設計を完了後、設計業務の一環として「概算工事費[20]」を算出します。この概算工事費は、完了した設計内容どおり工事した場合に通常要すると考えられる費用の概算額です。設計受託者は、出来上った設計図書をもとに、善管注意（善良な管理者としての注意）をもって、適切な資料等に基づいて単価を設定するなどして、工事に通常要すると考えられる金額を合理的に算出する注意義務があると考えられます。

　ただ注意すべきは、概算工事費の額は、建築主と施工者との間の工事請負契約で実際に決まる工事請負金額と必ずしも一致するものでは

19　我妻栄・新訂債権総論（民法講義Ⅳ）P.26　岩波書店
20　国土交通省告示第15号・別添一「1　設計に関する標準業務・二　実施設計に関する標準業務・イ　業務内容・(5) 概算工事費の検討」において「実施設計図書の作成が完了した時点において、当該実施設計図書に基づく建築工事に通常要する費用を概算し、工事費概算書を作成する。」とされています。なお、工事費概算書からは、工事費内訳明細書、数量調書等が除かれています。

ないという点です。建設工事はあらゆる分野の素材や製品を有機的に組み合わせていくものであって、素材や製品の価格はメーカーや購入時期によっても異なりますし、また全体の工事費は、施工者の技術力や管理方法など施工者ごとに差異が生じるため、自ら施工しない設計受託者が他人の締結する工事請負金額を的確に予想するのは事実上不可能だからです[21]。

したがって、設計受託者には、実際に決まる工事請負代金の額が工事予算額内に収まるようにする義務はないと解されます。

なお、実務上は、施工者の見積額が予算額をオーバーした場合には、施工者の見積額が予算額内に収まるよう設計変更などで対応することが多いと思われますが、こうした対応は、設計契約の一内容となっていればともかく、設計契約に当然に含まれる義務ではないと解されます。また、こうした対応を行ったとしても、設計変更で対応しきれない場合や、建築主が変更に応じない場合などもあり、必ずしもうまくいくとは限らないことにも注意が必要です。

(3) 予算に関する注意義務

以上からも明らかなように、設計契約上、設計受託者は、設計において、原則として、設計図書をもとに合理的に算出される概算工事費が予算額内に収まるよう注意する義務があると考えられます。

ただ、すでに述べたように、建築主は工事予算額に見合わない過大

---

[21] 四会連合協定建築設計・監理等業務委託契約約款は、この考え方を踏襲しています。同約款における「業務委託書②基本業務委託書」の「2 A05　概算工事費の検討」では、「実施設計図書の作成が完了した時点において、当該実施設計図書に基づく建築工事に通常要する費用を概算し、工事費概算書を作成する。」とし、続けて「なお、ここで算出される概算工事費は、工事予算の目安とするもので、工事請負契約により決定される工事代金額とは必ずしも一致するものではない。」とされています。

な要求をすることもあること、建築主の要求には時間的ズレの問題があることなど、建築主の要求に潜む問題のほか、建築主が工事費予算額を提示した時期と設計者が概算工事費を算出した時期との間の期間的なズレや技術開発といった問題も考慮する必要があります。素材や製品のコストは購入時期や技術開発により変化するものであり、工事費は時間・技術等に応じて変化するからです。

　したがって、合理的に算出された工事費概算額が建築主が示す工事予算額を超過している場合でも、建築主の要求に潜む問題などを考慮すれば、義務違反はないと考えられるケースもあり得ると思われます[22]。

22　拙著・旧「建築家の法律学入門」P.99〜P.100 彰国社で「一般的にいえば２〜３割程度の超過なら許されると考えられるが、これに個別具体的事案に即した事情を加味しなければならない場面も生じてくるであろう。」としていましたが、その正確な意味は、基本的にはケースバイケースの判断にならざるを得ないが、当時の状況を見ると２〜３割程度の超過もあり得る、というものです。しかし、20年近く前の当時と現在では経済的、社会的状況もかなり異なっており、「２〜３割程度」という数値は、現在では必ずしもあたらないと思います。

ケース 1

1,500万円の範囲内での設計依頼に対し、2,280万円の設計をしたケース

（千葉地裁佐原支判昭和47年2月8日・判例時報679号57頁）

[事案の概要]

　Yはゴルフとモーターボートのクラブハウスを兼用する建物を建築しようとして、T銀行に1,500万円の融資方を申し込んだ。YはN工務店と比べて有利な方に建築工事を請負わせるつもりで、同支店長が紹介したXに本件建物の主体工事の見積りを依頼し、どんな形でもよいから200名収容できるものを工事費1,500万円の範囲内で見積るように注文した。Xは、Yの代表者らと数回打合せを重ねて、設計図面を作成し、合計2,754万4,820円の見積書を作成した上、設計図面、構造強度計算書、見積書をYに交付した。Yはその見積額が予算額を大幅に超過していたので、Xに対し、その見積りに従って本件建物の建築工事をXに請負わせることはできないと回答したため、Xは設計報酬の支払を求めた。

[裁判所の判断]

　上記事実を前提に、裁判所は次のように判断した。「…被告YがN工務店にクラブハウスの見積りを依頼し、同店から見積書とこれに添付された多数の設計図面を受取っていること、被告Yが原告Xに200名収容可能のものであればどのような形のものでもよいから工事費1,500万円の範囲内で本件建物主体工事の見積りをするよう依頼したこと、そのような見積りをするのには経験則上詳細な設計図を作製することが必要であると考えられること、原告Xがその範囲内で見積りをすれば被告Yがその見積りに従って原告Xと請負契約を結ぶつもりであったこと、以上の事情などから被告Yは原告Xに対し、本件建物について設計などを包含した見積りを注文したとみるのが相当である。そして、その見積りが被告Yから指示を受けた予算額1,500万円を780万円超過する工事費になってしまったとはい

え、原告Ｘは被告Ｙの注文に応じて本件建物の設計と見積りの仕事を完成したとみるのが相当である。なぜなら、被告Ｙは原告Ｘに本件建物主体工事の工事費用の見積りを注文したのであって、設計前の時点における予算額と設計後の時点における見積額に不一致が生じてもなんら不思議な事柄でなく、その不一致の額が多額で、その見積りが注文者の被告Ｙの意に副わないものであったとしても建物設計という特殊性（傍点筆者記入）を考慮に入れると原告Ｘのなした設計と見積りを法的に無に帰してしまうのは妥当でないし、また、被告Ｙは当初からＮ工務店の見積りと原告Ｘの見積りとを比較して有利な方を選択しようとしていたのであるから、原告Ｘが当初の予算額を上回る見積額を算出するかも知れないことを予期していたともいえるからである。…（中略）…被告Ｙは原告Ｘに本件建物の建築工事を請負わせるつもりでその工事費用の見積りを注文したので、見積りだけの場合の報酬をどのようにいくら支払うかについては考慮していなかった事実を認めることができ、原告Ｘと被告Ｙの間でその報酬について契約を結んだとの主張立証はない。前記認定の事実によると原告Ｘは被告Ｙの注文に応じて本件建物の設計と見積りをなし、設計図書、構造強度計算書、見積書を被告Ｙに交付したのであるから、その報酬を被告Ｙに請求できるといえる。（証拠略）によると原告Ｘは通常前記報酬規程の定めに従って報酬を得ている事実を認めることができるので、本件においてもその規程を基準として報酬を定めるのが相当である。ところで、（証拠略）を総合すると本件建物は１階部分がクラブ用に、２階部分が居住用に設計されている事実を認めることができるが、各階ごとの工事費用を別々に認定できる資料はないので、報酬の算定にあたっては本件建物の全体を通じてクラブハウスとみるのが相当である。原告Ｘの作製した設計図書は基本設計と実施設計を包含するとみることができる。算定の基準とすべき工事費としては諸般の事情からみて被告Ｙが当初注文した本件建物主体工事の予算額である1,500万円を採用するのが相当である。そうすると、その報酬を1,500万円の4.80％にあたる72万円と算定することができる。」

▶〔解　説〕

　この判決が、設計前の時点における予算額と設計後の時点における見積額に不一致が生じても何ら不思議ではないとしていることは、前述したような様々な要因を考えれば一概に不合理とはいえません。しかし、この事案ではこうした要因は一つもうかがえません。(たとえば、設計にかかった時期をみると、依頼を受けたのが昭和44年2月中旬、設計を完了したのが同年3月27日であって、その間およそ1カ月余りです。1カ月余りの間に主要材料等の価格に大幅な変動があった等の事実でもないかぎり設計当初と設計後との間にそんなに大きな変動があったとは思えませんし、建築主の要求に矛盾があった等の事情も伺えません。)したがって、仮にこうした要因がないのであれば、予算額1,500万円に対し780万円も超過する額になるような設計をしたことは、設計契約の債務不履行とも考えられます。
　もっともこの判決で、原告自身が当初予算額を上回る見積額を算出するかもしれないことを予期していたと認定していますが、むしろこの理由が本当の理由ではないかと考えられます。被告は当初からN工務店の見積りと原告の見積りとを比較して有利な方に選択しようとしていたという事実から、原告は当初の予算額を上回る見積書が出るかもしれないことを予期していたとの判断を下すことは不合理ではありません。そうだとするならば、予算額を一応は提示するものの、建築主自身その予算額にはさほどとらわれていないことを提示したとも考えられ、5割増の見積額となる設計もこのような要求の範囲内での設計と評価することは可能です。

> ケース 2　予算額が未定のまま、建築決定のための資料の一つとして利用するために依頼された設計を行ったが、結局断られたケース
>
> （東京地判昭和51年3月3日・判例時報839号97頁）

[事案の概要]

　Yは自己の宅地上に共同住宅を建設することを企画し、Xに対しYが4階建まで可能な構造の2階建共同住宅を建築するか否かを決定するため、またこの建築工事をXに請け負わせるか否かを決定するために必要な設計図、構造計算書の作成及び工事費の見積りを依頼した。Xは、業務を行ったが、Yは、工事費の予算額を超過した見積額であったため、建築を中止したい旨を申し出た。そこで、Xは、Yに対し、設計・監理委託契約に基づき、設計料の支払いを求めた。

[裁判所の判断]

　裁判所は次のように判断した。「然し前記建物の設計及び見積りは、もともと某（Yの妻）が坪当り15万円程度の4階建共同住宅の建築を希望し、原告Xの設計と見積りが被告Yの希望にそうものであれば、原告Xに右建物の工事を依頼するということから始まったもので、（証拠略）によっても当初は設計と施工とを一体として考えていたというより、むしろ設計は工事費を見積り両者間において工事請負契約を締結するか否かを決定するための前提作業として意識されていたに過ぎないことが明らかであり、5月27日の段階において設計のみを施工から独立して切り離し、これに特定額の報酬を支払う旨の設計委託契約が明確になされたとまでは認めるに足りず…（中略）…然し、前記のとおり、原告は建築の設計施工を業とする会社であり、4階建構造2階建共同の住宅の設計及び見積りが原告

Xの営業行為に属することは明らかであるから、たとえ両者（XY）間において明示的に報酬支払の合意がなされていなくとも、原告Xは被告Yに対し商法512条に基き相当額の報酬を請求し得るといわねばならない。…（中略）…設計前の予算額と設計後の見積り額が一致しないということは往々にしてあることだし、まして前記建物は4階建構造2階建共同住宅という異例なものであることを考えればなおさら右の不一致が生じやすいものである上、前記の設計が構造計算を含む詳細精密なもので特別の費用と時間を要し、一般には、設計図及び構造計算書の作成自体が独立して有償の契約目的とされていることなどからすれば、原告Xのなした前記設計図及び構造計算書の作成はそれが工事契約締結のために必要な見積りを得るためになされ且つ右契約が単価についての折り合いがつかぬため、不成立に終ったとしても、これに対しては相当額の報酬を支払うべきものであろう。」

▶〔解　説〕

　結論において妥当です。本件の場合、建築主はあくまで工事費を見積った後に着工するかどうかを決めるというのですから、建築主が設計者に設計を依頼した段階では予算額が設計条件とはなっていないとも考えられますし、またその点を措くとしても、建築主の予算額がはっきりしておらず、かかる条件の下では設計者の裁量権の範囲は広いと解されるからです。
　しかし、この裁判例も「設計前の予算額と設計後の見積り額が一致しないということは往々にしてある」としていますが、ケース1の裁判例と同様、変動する要因や建築主の要求の矛盾等の事情は特に伺えず、疑問が残ります。

3 構造上の安全性と契約上の注意義務[23]

(1) 法令への適合性

　建築士は、設計を行う場合には、設計にかかる建築物が法令又は条例の定める建築物に関する基準に適合するようにしなければならないとされています（建築士法18条1項）。また、建築主も一般に、委託する設計にかかる建築物が法令等の定める基準に適合することを期待していると思われます。こうしたことからすると、設計契約当事者の合理的意思解釈として、こうした基準に適合するよう設計することは、契約内容の一つと考えられます。

　したがって、設計契約上、設計受託者には、設計にかかる建築物が法令上の基準に適合するよう注意する義務があると考えられます。

(2) 法令上必ずしも明らかでない事項に関する安全性の基準

　法令等の定める建築物に関する基準といえども、あらゆる構造的安全性について詳細に定めているわけではありません。したがって、当該基準では明らかにされていない事項に関する構造上の安全性については、契約当事者の合理的意思が問題となりますが、これについては、工学的観点を中心に判断するほかないと思われます。

　この点、工学的観点からの判断に資するものとして、日本建築学会の基準類などがありますが、そこに記載されている事項や数値には、目標とするもの、望ましいものなど将来的に標準化されることを意識しているものが多く含まれているため、日本建築学会の基準類などが契約上の注意義務の対象になるかどうかは、内容ごとに判断せざるを得ません。

　また、日本建築学会の基準類などが契約上の注意義務の対象になる

23　拙著「建築士の法的責任と注意義務」P.58 新日本法規出版

と考えられる場合でも、ある基準値があくまで目標とされるものであるものであれば、コスト等諸条件とのバランスから、目標値を満足しない設計解を選択することもあり得るため、当該目標値を満足しないからといって、直ちに、注意義務違反に直結する訳ではないと考えられます。

　ただ、当初、目標値とされていたものが、時間の経過とともに標準値になることもあるため、当事者の合理的意思の解釈にあたっては、この点にも留意すべきです。

(3)　安全性のレベルと注意義務
　建築物の安全性には、いくつかのレベルがある場合があります（この点については、P69以下で詳しく説明します）。この場合、契約において、あるレベルの安全性が契約内容になった場合、設計受託者には原則として、当該レベルの安全性を確保するよう注意する義務があることは当然です。たとえば、安全性のレベルに３段階（高いレベル、中位のレベル、最低限必要とされるレベル）がある中で、建築主の要求が高いレベルの安全性である場合、高いレベルを確保するよう注意する義務があります。したがって、設計受託者の注意義務違反によってこのレベルに反する設計をした場合には、基本的に損害賠償責任等の問題が生じます。

　では、建築主の要求レベルが最低限必要とされるレベルを下回る場合、設計受託者は、建築主の要求に従う義務があるのでしょうか。実際に設計を行う建築士は、「建築物の質の向上に寄与するように」業務を行うことが義務づけられています（建築士法２条の２）。また設計を行う場合、「法令又は条例の定める建築物に関する基準に適合する」よう義務づけられています（同法18条１項）。しかも、建築基準法等の定める基準に違反する行為について指示したり、相談に応じて

はならないとされています(同法21条の3)。加えて、後述(P72)するように、第三者との関係を含め、およそ設計者としては、最低限必要なレベルの安全性が欠けることがないよう配慮して設計する注意義務があると考えられます。

したがって、建築主の要求する安全性のレベルが最低限必要なレベルを下回る場合や違法あるいは工学的に不合理と評価されるような場合には、設計受託者には、当該要求に従う義務はないと考えられます。むしろ、当該要求に従った場合には、不法行為上の注意義務違反や、建築士法違反の問題が生じると思われます。

4　地質調査と契約上の注意義務[24]

実務上よく問題になるのは、地盤沈下によって生じる建物の変形等です。そこで、ここでは、設計受託者の地盤沈下の防止に対する注意義務について説明します。

(1)　地質調査は設計業務に含まれるか

建築士は、設計を行う場合においては、これを法令又は条例の定める建築物に関する基準に適合するようにしなければならず(建築士法18条1項)、建築物の基礎は建築物に作用する荷重及び外力を安全に地盤に伝え、かつ地盤の沈下又は変形に対して構造耐力上安全なものとしなければならないとされています(建築基準法施行令38条1項)。

この義務をまっとうするためには、まず地質を十分調査しなければなりませんが、一般的に、建築士や設計受託者には自らボーリング等を実施したり、採取した試料を分析したりする能力はありません。

24　地盤沈下に関する施工者の責任については、拙著「建築工事の瑕疵責任入門新版」P.106 大成出版社を参照してください。

また、ボーリングの実施等の地質調査行為自体は「設計業務」には含まれず、「企画・調査業務」に含まれると考えられます。したがって、建築主との契約において、設計受託者自ら地質調査を実施することを引き受ける場合（この場合、多くは地盤調査専門会社に再委託すると思われます）を除き、設計契約を締結しただけで当然にボーリング等を実施して地質調査を行う義務が生じると考えることはできないと思います。

(2)　設計受託者の資料収集努力義務など

　ボーリングの実施等の地質調査自体が「設計業務」に含まれないからといって、直ちに地質調査を設計受託者としての法的義務の対象外とすることも妥当ではありません。自らボーリング等の実施をするかどうかはともかく、地質の状態が分からなければ地盤耐力は判明せず、当該建物の設計を行えないことは明らかだからです。

　地質調査は、設計業務の必須の前提業務ともいうべきものであり、設計受託者は、たとえ自ら実施しない場合であっても、建築主に対して資料の提出を求める等必要な資料の収集に努力すべきです。

　つまり、設計受託者は、設計に必要な限度で地盤の状態を把握するため、建築主に対し、地質データの提供を求め、建築主から提供されたデータだけでは必ずしも十分でない場合には、さらなるデータ提供の必要性等を建築主に説明するなどの義務があると解されます。

　したがって、建築主にデータの提供を依頼しても提供してもらえない場合など、設計にあたって必要な情報を得ることができないために、以後、設計作業を進められなくなった場合、設計受託者に注意義務違反はないと考えられます。

5　建築主の内心的意図と契約上の注意義務

　設計受託者が建築主の要求に沿って設計を試みたが、結局建築主の思うとおりの設計が出来なかった場合というケースがあります。気に入る、気に入らないは、極めて主観的なもので、その対象は、技術面、性能面、デザイン面などあらゆる面に及びますが、技術的・性能的なこととデザイン的なことでは設計条件の設定の仕方に若干の違いがでます。技術的・性能的なことは、多くの場合定量化することが可能ですが、デザインのような事項については、そうはいきません。

　建築主の内心は設計受託者には正確にはわからないため、設計条件としての建築主の要求内容は、あくまで客観的に判断される内容と考えるべきです。

　したがって、設計受託者には、設計において、客観的に判断されるところの建築主の要求に沿うよう注意する義務があると考えられます。

　もっとも、説明義務の問題は別に存在します。

> **ケース3**　某県庁のような日本式の屋根をもつ建物の設計を依頼されたが、結局建築主の気に入る設計ができなかったケース
> （東京地判昭和50年4月24日・判例時報796号63頁）

［事案の概要］

　建築家であるXは、昭和46年夏ごろ、Yから耐震性に留意した構造の教会堂の設計を依頼されたが、Y側から主として本件建物の外観につき、I県庁の建物にあるような日本式の屋根型にするように注文があった。そこでXは早速設計にとりかかり、同年10月15日A案及びB案をYに示したところ、YからA案及びB案についてさらにI県庁を参考にしてそれに近い構造の設計図を作るように要望され、Yが希望する外観をスケッチし

てみせたので、それに基づき、さらに設計図を練り直すことになった。YはX事務所にI県庁の建物の写真を送付して参考にすることを求めた。XはさらにC案、D案及びE案の設計図を作成し、Yに示したところ、いずれも難色を示され、重ねてI県庁と同じ形の屋根を建物の上にのせた設計にしてほしい旨の申し入れを受けたので、同年11月中旬頃I県庁の建物を見分してから、さらにF案を作成し、従来のA案からE案とともにこれをYに示し、右6案のうちいずれかを選択するよう申し入れた。しかしながら、Yはいずれの案に対しても、とくにその建物の外観について不満であり、XがYの気に入る設計図を作らず、かつ設計を依頼してから相当期間が経過しているのに、いまだ建物の外観も決まっていない状態にあることを理由に、同月18日、Xに対し、本件設計契約を解除する意思表示をした。

これに対し、XはYに対し、損害賠償を求めて、訴えを提起した。

[裁判所の判断]

右認定事実に対し、裁判所は次のように判断した。

「…通常建物の設計は、建築主の建物の階数、間取り、外観についての希望ないし意見を最大限に考慮すべき性質のものであるが、本件の如き宗教上の建物は、とくに建物の象徴となるべきその外観について建築主が最終的に選択してこれを決すべき要素の強いものであるから、建築家は出来得る限り建築主の希望に添って建築設計すべき義務があるが、反面又建築について、建築基準法に定められた建ぺい率、容積率、斜線制限等の制約があり、建築主と雖も設計者のかかる法的に規制された基準に準拠しつつ、しかもなお設計者の専門的な技術を尊重してその仕事を協力すべき義務があると言わねばならない。そうすると、本件のような請負契約の遂行は、建築設計者と建築主の前記双方の義務が密接不可分に結びついてその円滑な相互協力のもとになされるものと言うべきであるから、前記認定の経過並びに原告代表者が提案したA案からF案の内容に鑑み判断するな

らば、本件建物の建築設計者たる原告代表者Ｘは、建築主の被告Ｙの希望に基きそれに添った設計図の作成に努力していたものと認定するのが相当であるから、被告Ｙが希望する外観の建築設計図を作成しないとする被告Ｙ主張のような債務不履行はないと言うべきである。

そうしてみると、被告Ｙは、その都合により本件請負契約を解除したものと推認されるから、民法641条に従い、被告Ｙは原告Ｘに対しその蒙った損害を賠償する義務がある。」

▶〔解説〕

裁判所の判断は、結論において妥当です。

すでに述べたとおり、法的義務に反したかどうかは、建築主の提示した要求を客観的に判断して（設計条件に置き換え）、設計解が設計条件を満足しているかどうかで判断されます。

この点、本件では、当初Ｉ県庁の建物にあるような日本式の屋根型にするよう要求がありましたが、設計条件として、「Ｉ県庁と同じ屋根」とすべきだったのか、「日本式の屋根」にすべきだったのかにより差異が生じます。前者であるならば設計解としてＩ県庁と同じと評価できるかどうかが重要になるし、後者であるなら日本式の屋根と評価できるかどうかが重要になります。

もっとも、本件ではその後、重ねてＩ県庁と同じ型の屋根にしてほしい旨の要求があったと認定していることからすれば、その時以降の業務に関してはＩ県庁と同じ型の屋根と評価できない限り義務違反となる可能性はあるといえます。

以上からすれば、本件は設計契約を準委任契約と考えた上で、仮に建築主の要求をＩ県庁と同一の屋根という設計条件に置き換えられるとすれば、設計解がＩ県庁の屋根と同一の屋根と評価できる限り義務違反にはならないと考えられます。しかも設計者の責めに帰すことのできない事由により解除されたのですから、業務遂行の割合に従って設計報酬を請求できると考えられます。

ケース 4　1階便所の位置が鬼門にあるとして争いになったケース

（名古屋地判昭和54年6月22日・判例タイムズ397号102頁）

[事案の概要]

　建設業を営むYは、Xから、木造建物の工事を依頼され、完成させたうえ引渡し、Xに残金の支払を求めた。
　しかしXは、Yの施工した本件建物の新築工事には、1階便所の位置が鬼門にあること、その他多数の瑕疵があるとして、支払を拒否した。
　なお、設計図面の作成者は、記録上明らかではないが、Yと思われる。

[裁判所の判断]

　「…わが国の家屋の建築においては、習俗的な嫌忌として右の鬼門の問題があり、現今の住宅の過密化、集合化、或は水洗式便所の普及などによる保健衛生の合理化に伴ってその意識は次第に稀薄になって来ているものの、なお大工職などの建築関係の業者の中では、住宅の建築に際して必ずこの鬼門を避けることに心掛けている事実が認められ、この認定を覆すに足る証拠はない。そして、この鬼門の嫌忌は、建物の構造、性状そのものについての欠陥ではなく、あくまでも心理的、精神的なものであるけれども、建物の構造ないし間取の位置に関連してその入居者に不幸、病難が起るかも知れないとの不安、懸念を与え、心理的な圧迫感をもたらすものであることを否定し難く、しかも、前記のように建築関係業者においても家屋建築上この習俗的嫌忌を避止すべきものとして認識されている以上、便所が鬼門の方角にあることは、注文者においてこの嫌忌に格別の関心を有しないなどの特段の事情のない限り、建物建築工事契約における目的物の瑕疵に該当すると解するのが相当である。」

▶[解説]

　この裁判例は、建築物の瑕疵を認定し、施工者の瑕疵担保責任の問題に

第1章　⑥　設計契約上の注意義務

していますが、工事は設計図書に基づいて行われるため、本来、設計図書上の誤りは、設計受託者の法的義務違反の問題と考えられ、設計図書のとおり施工した場合、原則として施工者に責任はありません（民法636条）。（なお、本事案では、設計はＹが行ったと推測されます。）

　また、本事案では、建築主から、便所は鬼門の方角に設置しないようにする旨が示されていたため、その趣旨に沿って設計する義務があるといえますが、そのような要求もないときは、原則として、鬼門を避けるよう注意する義務はないと思います。

6　材料などの選択と契約上の注意義務

　設計受託者は、設計にあたって様々な材料、製品を選択しますが、建築物に不具合が生じないよう適切な材料を選択する注意義務があります。通常は、実際の施工実績等から、この点はあまり問題になりませんが、新しい材料や製品を選択する場合などで問題になります。材料や製品の特性などは、ブラックボックスになっていて設計受託者にはよくわからないからです。

　この問題は、結局のところ、選択した材料等が、設計条件に照らして合理的な設計解になっているか否かに帰着しますが、その点については、材料、製品を使用する状況（たとえば、湿気が多い、高温など）、使用の目的、実績の有無、事故例などを総合的に判断することになります。したがって、設計受託者としては、事前にこうした点をメーカーに問い合わせをしたり、当該材料や製品を選択した場合のリスクなどについて十分検討し、ケースによっては、建築主に報告、説明する義務があると考えられます[25]。

25　拙著「建築士の法的責任と注意義務」P.123　新日本法規出版

| ケース 5 | 設計受託者が選択した材料の不具合について責任が問われたケース |

（東京地判平成16年9月14日・判例マスター）

[事案の概要]

　Xは、設計事務所Y1（株式会社）と設計・監理契約を締結し、Y1が作成した設計図書に基づいて施工者Aに工事を発注して保養所を新築した。しかし、引渡しを受けた後、使用した集成材（以下「本件集成材」という。）にかび、歪みが生じ、また虫害も発生した。また、床下の基礎ピットに水が溜まる欠陥があった。そこで、設計・監理をしたY1に対して債務不履行又は不法行為に基づき、集成材の納入業者であるY2に対しても、不法行為に基づき、損害賠償の支払を求めた。なおXは、この事故に関し、施工者Aとの間ですでに和解契約を締結している。

[裁判所の判断]

　「被告Y1は、原告Xと本件建物の設計監理契約を締結し、専門家として、その技術水準において、誠実に業務を遂行する義務があった。本件建物の設計に当たっては、その立地条件を十分検討し、適切な材料の選択を行うことは当然の責務である。

　本件建物の敷地は、斜面を切土した地盤であり、通風が不良であることは被告Yの代表者も認識し、それ故に3方にドライエリアを設けるなどの設計上の配慮をしている。そうであるならば、竹がでんぷん質、糖分を多く含み、かびや虫害に弱いという特質について十分な検討が必要であったと言うべきである。

　本件建物のかび、虫害は、竹集成材に集中し、他の木材と明らかな有意差をもって現れているのであるから、竹集成材を本件建物に採用することは、結果的に誤りであったと考えるべきである。」

　「…被告Y2から提供されたデータで、本件竹集成材を他の木材と同程度の配慮で本件建物に用いて設計した点において、被告Y1に落ち度があったと言わざるを得ない。」

▶〔解説〕

　本事案は、設計受託者の材料選択における法的義務に関するものです。裁判所は、適切な材料選択を行う義務があることを前提に、竹集成材を使用する以上、当該材料の特質について十分検討すべきであり、そうした検討をすれば竹がかびや虫害に弱いという特質を予見できたため、本件への採用は適切でなかったと判断したものと思われます。

7　敷地境界と契約上の注意義務

　建築主が設計を依頼する場合、隣地との敷地境界にトラブルがある状態で依頼するケースはそう多くないと思います。隣地との敷地境界にトラブルがある場合には、建築主は、弁護士等の協力を得るなどしてトラブルを解決したのちに設計を依頼することが望ましいことは言うまでもありません。

　しかし、仮に設計を依頼する際に境界トラブルが存在し、又は、設計を依頼したのちに境界トラブルが生じた場合、設計受託者としてどのような法的義務を負うのでしょうか。

　法律専門家でない設計受託者が法的解決に直結するような行為（たとえば交渉）にまで手を染めることは能力的に無理ですし、弁護士法72条違反の可能性すらあります。したがって、設計受託者には境界トラブルについて法的な解決に直結するような行為を行う法的義務がないことは明らかです。

　では、敷地境界に関する設計受託者の一般的な注意義務はどのようなものでしょうか。

　敷地境界は、設計条件の一つであり、本来、建築主が提供すべき事項です。また敷地境界の確定は、最終的には司法の判断を仰ぐべき事項ですが、設計受託者や建築士には、こうした点に関する能力はあり

ません。さらに、設計受託者や建築士は、敷地測量技術を当然に兼ね備えているわけではありません。したがって、敷地境界について積極的に調査する義務を負わせることはできないと思います。

しかし、一方で設計契約は、建築主の目的実現に向けて建築専門家としての建築士の才能を寄与させる点に重きがあります。

したがって、設計受託者は、敷地境界に関して、建築士としてできる範囲、程度で協力する義務があると考えられます。

ケース6 敷地の境界、範囲についての調査義務があるか争われたケース
（東京地判昭和50年2月20日・判例時報794号89頁）

[事案の概要]

建築士XはYから設計監理等の委任を受けた。その内容の一つには「敷地の現状調査及び敷地の計画」とするものがあった。Xは、Yから敷地実測図の交付を受けて、これをもとに設計を行った。その後、施工者が工事を完了したところ、隣地所有者から、敷地について異議が出された。XはYに対し、報酬残額の支払を求めて訴えを提起した。その際、設計監理契約の内容である「敷地の現状調査及び敷地の計画」の中に敷地の境界、範囲についての調査も含まれるかどうかが争われた。

[裁判所の判断]

裁判所は、「敷地の境界・範囲について格別争いのない通常の場合においては、設計監理の受任者は、その事務の内容からみて、常に進んで被告主張の点まで厳格に調査確定させて設計する義務があるとはいえず、委任者の指示・提出する図面等にもとづき現実に敷地に当るなどしてその範囲を実測確定し、高低差を含め敷地の現状を調査すれば足りると解されるが（ちなみに、（証拠略）によると日本建築家協会制定の「建築家の業務及び

第1章 [6] 設計契約上の注意義務　63

報酬規程」に、「建築主は、設計業務の時期に応じて建築家の必要とする正確な次の資料を提供する。－3 敷地に関する調査資料－敷地の所有権・借地権及び地上権に関する資料・敷地測量図及び地積調査書、敷地に関する給排水・ガス等の施設の現状を示す資料－」と記載されており、原告本人尋問もその主張に添う供述をしている。）、できるだけ正確な設計を行うため、専門家として、その必要とする限度で、相応の注意をもって調査を行う必要があり、境界の不明など敷地の範囲が確定できない等の事情があるときは、委任者の協力を求めるなどして、法的な解決はともかく、できるだけその範囲を確定のうえ、可及的に正確な調査を基に設計を行い、紛争の態様によってはこれを考慮して委任者に不利益を及ぼさないよう配慮し、委任の趣旨に添うよう努めるべき義務があるのであって、常に単に委任者から指示・提示された図面のみにもとづいて処理すれば足りるものとはいえない。

　本件土地においては、契約当時から隣地との境界不明その他の紛争が生じていた形跡は証拠上認められないから、当初から明示して隣地との境界の紛争を前提として、問題の余地を残さない程正確な調査確定までも明示して委任したものとはみられず、敷地の調査を含め包括的に設計監理を委任したとしても、当然被告Y主張のような義務を含む契約が明示もしくは黙示になされたとはいい難く、前記一般的な範囲で敷地の調査・確定義務を負っていたと認めるのが相当である。」と判断している。

▶〔解説〕

　理由、結論ともに正当だと思います。

7 設計受託者の説明義務

　設計の実質的意味は、建築主の要求に基づいて、合理的に設計条件を設定し、当該設計条件に基づいて、設計者の創造性を発揮しつつ、合理的に設計解を出す作業です。したがって、設計受託者は建築主の

要求を正確に把握する必要がありますが、建築主が建築の素人である場合、建築設計の専門家である設計者や設計受託者に比べて、建築設計に関する専門的知識において圧倒的な差があるため、建築主にとっては、要求を的確に伝達することは、大変難しい作業になります。たとえば、建築主が「地震に遭っても大丈夫な建物」という程度の要求をしたとして、この程度の定性的な表現では一義的な設計条件にはならず、設計としての解にかなりのばらつきが生じ、場合によっては建築主の真意と大きなズレを生じることがあります。こうしたばらつきを少なくするためには、どの程度の地震に対し、どの程度の被害まで許容されるのかといった、より具体的な内容が必要となりますが、そのためには、設計受託者からの説明が必要不可欠です。その他にも、建築主が計画内容を決定するための前提として正確な専門的知識が必要なことも多くあります。

　したがって、設計受託者には、設計契約上、建築主の要求ができるだけ具体的になるよう（その程度は、内容によっても異なりますが）必要な説明をしたり、要求内容に不合理さがある場合にはそのことを指摘して、説明する義務があると解されます。

　この点、契約に付随する信義則上の義務と考えることも可能ですが、設計契約の場合、すでに述べたように、建築主の要求が設計作業の前提となるものの、建築主には当該要求を合理的にするための知識や情報に乏しく、建築主の意思決定のためには設計に関する説明が必要と考えられる場面が多く存在すること、また設計契約を準委任契約と解する本書の立場では、こうした適切な説明の存在が合理的な設計条件の設定にとって重要であることのほか、建築主と設計受託者との信頼関係を維持していく上で重要と考えられること、さらには、建築士には説明努力義務があること（建築士法18条2項）などからして、設計契約そのものに含まれる義務と考えられるのではないでしょうか[26]。

ただ、いずれにしてもどのような場面で、どのような内容の、どの程度の説明が必要となるかについては、ケースバイケースの判断とならざるを得ません。

8 不法行為における設計者の注意義務
1 最高裁の判例

設計者や設計受託者が契約関係にない居住者等に対して不法行為責任（民法709条以下）を負う可能性のあることは、すでにP22以下で説明したとおりです。

不法行為責任が問題になるケースでは、実際に設計を行った設計者個人の責任（民法709条）と使用者としての設計受託者の責任（民法715条）が問題になることが多いと思われます。

では、設計者は、不法行為責任との関係で、どのような注意義務を負うのでしょうか。この点に関し、最近、注目すべき最高裁判決が出ていますので紹介します。

最高裁判決（平成19年7月6日）
[事案の概要]

> 9階建ての共同住宅・店舗として建築された建物をその建築主から購入したXらが、当該建物にはひび割れや鉄筋の耐力低下等の瑕疵があると主張して、当該建物の設計及び工事監理を行った建築士事務所Y1に対して不法行為に基づく損害賠償を請求し、その施工を行った建設会社Y2に対して瑕疵担保責任（請負契約上の地位の譲受けを前提）に基づく瑕疵修補費用又は損害賠償を請求するとともに、不法行為に基づく損害賠償を請求した。

---

26 拙著「建築士の法的責任と注意義務」P.46以下　新日本法規出版

(1) 判決の内容

最高裁判決（平成19年7月6日第二小法廷・最高裁HP）は、次のように判断しています。

・建物の建築に携わる設計者、施工者及び工事監理者（以下、併せて「設計・施工者等」という。）は、建物の建築に当たり、契約関係にない居住者等に対する関係でも、当該建物に建物としての基本的な安全性が欠けることがないように配慮すべき注意義務を負うと解するのが相当である。
・設計・施工者等がこの義務を怠ったために建築された建物に建物としての基本的な安全性を損なう瑕疵があり、それにより居住者等の生命、身体又は財産が侵害された場合には、設計・施工者等は、不法行為の成立を主張する者が上記瑕疵の存在を知りながらこれを前提として当該建物を買い受けていたなど特段の事情がない限り、これによって生じた損害について不法行為による賠償責任を負うというべきである。

最高裁判決（平成23年7月21日）

[事案の概要]

上記の事案は、前述の判断により、福岡高裁に差し戻された。福岡高裁は、Xらの不法行為に基づく損害賠償請求を棄却したため、Xらは再度上告した。

最高裁判決（平成23年7月21日第一小法廷・最高裁HP）は、以下のように判断しています。

・第1次上告審判決（平成19年7月6日最高裁判決）にいう「建物としての基本的な安全性を損なう瑕疵」とは、居住者等の生命、

身体又は財産を危険にさらすような瑕疵をいい、建物の瑕疵が、居住者等の生命、身体又は財産に対する現実的な危険をもたらしている場合に限らず、当該瑕疵の性質に鑑み、これを放置するといずれは居住者等の生命、身体又は財産に対する危険が現実化することになる場合には、当該瑕疵は、建物としての基本的な安全性を損なう瑕疵に該当すると解するのが相当である。

・当該瑕疵を放置した場合に、鉄筋の腐食、劣化、コンクリートの耐力低下等を引き起こし、ひいては建物の全部又は一部の倒壊等に至る建物の構造耐力に関わる瑕疵はもとより、建物の構造耐力に関わらない瑕疵であっても、これを放置した場合に、例えば、外壁が剥落して通行人の上に落下したり、開口部、ベランダ、階段等の瑕疵により建物の利用者が転落したりするなどして人身被害につながる危険があるときや、漏水、有害物質の発生等により建物の利用者の健康や財産が損なわれる危険があるときには、建物としての基本的な安全性を損なう瑕疵に該当するが、建物の美観や居住者の居住環境の快適さを損なうにとどまる瑕疵は、これに該当しないものというべきである。

・建物の所有者は、自らが取得した建物に建物としての基本的な安全性を損なう瑕疵がある場合には、第一次上告審判決にいう特段の事情がない限り、設計・施工者等に対し、当該瑕疵の修補費用相当額の損害賠償を請求することができるものと解され、上記所有者が、当該建物を第三者に売却するなどして、その所有権を失った場合であっても、その際、修補費用相当額の補塡を受けたなど特段の事情のない限り、一旦取得した損害賠償請求権を当然に失うものではない。

(2) 判決の留意点

　これらの判決については、以下の点に留意する必要があります。
①設計者らの注意義務は、基本的な安全性が欠けることがないよう配慮すべき注意義務（本書では「基本的安全性配慮義務」といいます）です。設計者らは、この注意義務を怠ったために、建物に建物としての基本的な安全性を損なう瑕疵が生じ、そのために居住者等の生命、身体又は財産が侵害された場合に責任を負うのであって、基本的な安全性を損なう瑕疵があれば基本的安全性配慮義務に違反しているといえる訳ではありません。
②基本的安全性配慮義務の具体的内容は、設計者、施工者及び工事監理者では、それぞれ異なると考えられます。設計者と、施工者と、工事監理者それぞれの建築生産における役割はまったく異なるからです。
③後でも述べるように、「安全性」にはいくつかのレベルがある場合がありますが、この判決は、安全性のレベルには言及していません。

2　基本的安全性配慮義務と安全性のレベル

　上記判決によれば、設計者は、第三者に対し、建物としての基本的な安全性が欠けることがないように、「設計者として」配慮すべき注意義務を負っていると考えられますが、その具体的内容は必ずしも明らかになっていません。

　そこでここでは、設計者が具体的にどのような「配慮」をすべきかについて、以下私見を述べます。

(1) 建築主の要求との関係

　建築主の要求は、設計受託者の契約上の注意義務にとっては重要な構成要素ですが、第三者との関係など不法行為責任が問題になる場面

では、直接は関係しません。不法行為における注意義務は、広く一般国民との関係で負うものである以上、建築主という特定の人の意向によって左右されないと考えられるからです。また、次に述べる安全性のレベルとの関係で、建築主が最高レベルの安全性を要求しているときに、第三者との関係でも最高レベルを強制する合理性はどこにもないからです。

(2) 安全性のレベルとの関係

　安全性にいくつかのレベルがある場合があります。このことは、「住宅の品質確保の促進等に関する法律」第3条1項の規定に基づく「住宅性能表示基準」などからも明らかです。たとえば、同基準によれば、構造躯体について、「倒壊、崩壊等のしにくさ」と「損傷の生じにくさ」という2種類の耐震等級があります。

　「構造躯体の倒壊、崩壊等のしにくさ」は、「等級3」「等級2」「等級1」に区別されています。等級3は、極めて稀に（数百年に一度程度）発生する地震による力（建築基準法施行令第88条第3項に定めるもの）の1.5倍の力に対して倒壊、崩壊しない程度、等級2は、同じ力の1.25倍の力に対して倒壊、崩壊しない程度、等級3は、同じ力に対して倒壊、崩壊しない程度です。

　「構造躯体の損傷（大規模な修復工事を要する程度の著しい損傷）の生じにくさ」は、「等級3」「等級2」「等級1」に区別されています。等級3は、稀に（数十年に一度程度）発生する地震による力（建築基準法施行令第88条第3項に定めるもの）の1.5倍の力に対して損傷を生じない程度、等級2は、同じ力の1.25倍の力に対して損傷を生じない程度、等級1は、同じ力に対して損傷を生じない程度です。

　また、一般社団法人日本建築構造技術者協会（JSCA）では、耐震性能グレードを「基準級」「上級」「特級」に区別しています[27]。

　では、「基本的な安全性」に該当する場合であって、当該安全性に

いくつかのレベルがあるとき、不法行為における設計者の注意義務についてどう考えるべきでしょうか。

たとえば、安全性のレベルに、高いレベル、中位のレベル、最低限必要なレベルがある中で、契約上、高いレベルの安全性が要求されているとします。この場合、高いレベルの安全性が確保されるよう注意する義務が契約上の義務であることは当然です。

しかし、第三者との関係などで不法行為責任が問題になる場面では、仮に契約上求められる高いレベルの安全性が確保されていない場合でも、最低限必要なレベルの安全性が確保されていれば義務違反はないと考えるべきです。第三者との関係においてまで高いレベルの安全性を確保することを義務づける合理性はないからです。

設計者の不法行為上の注意義務は、安全性にいくつかのレベルがあるときは、設計対象建築物に建物として最低限必要なレベルの安全性が欠けることがないよう配慮して設計する注意義務があると考えられます。

では、最低限必要なレベルかの判断どうかについては、いつの時点の技術水準を前提にすべきでしょうか。設計者の設計当時の設計行為に関する注意義務違反の問題であること、また最低限必要とされるレベルは、技術の進歩により変化することからして、設計当時の技術水準を前提に判断すべきと思われます。

3 構造上の安全性と不法行為上の注意義務
(1) 構造上の安全性への配慮義務

構造上の安全性は、前記最高裁判決の「基本的な安全性」に含まれると思われます。そして、構造上の安全性のレベルにはいくつかある

---

27 一般社団法人日本建築構造技術者協会パンフレット「安心できる建物をつくるために」P.7

ため、第三者等との関係で負う注意義務は、最低限必要なレベルの安全性が欠けることのないよう配慮すべき注意義務と考えられます。

また、必要最低限のレベルかどうかについては、前述したように、設計当時の技術水準を前提に判断すべきと考えられます。

そして、設計当時の技術水準を明らかにするための一資料として、当時の日本建築学会の基準類などがありますが、そこに記載される事項や数値には目標的なものも多くあるため、採用するにあたっては注意が必要です（この点については、P52を参照）。

(2) 建築主が要求するレベルの安全性を確保できなかった場合

設計者が、建築主が要求するレベルの安全性に反する設計を行った場合といえども、直ちに、不法行為上の注意義務違反になる訳ではありません。すでに述べたように、契約で要求されるレベルの安全性と不法行為で問題になるレベルの安全性は必ずしも一致しないからです。

たとえ建築主の要求レベルに反したとしても、最低限必要なレベルが確保されていれば、最低限必要なレベルの安全性が欠けることがないよう配慮する注意義務に違反したとはいえず、不法行為上の注意義務違反はないと考えられます。

もっとも、建築主の要求が必要最低限のレベルの安全性である場合、当該レベルに満たない設計を行ったときは、契約上の注意義務違反とともに、不法行為上の注意義務違反の問題になると考えられます。

(3) 建築主の要求が最低限必要なレベルの安全性を下回る場合

では、建築主の要求が最低限必要なレベルの安全性を下回る場合は、どう考えるべきでしょうか。建築主の要求は、不法行為において直接関係しないことは、前記2(1)で述べたとおりです。したがって、当該要求どおり設計したとしても、不法行為上の注意義務違反になると考えられます。

ケース7 不同沈下を起こした場合の契約当事者の会社と設計者個人の責任が争われたケース

（大阪地判昭和53年11月2日・判例時報934号81頁）

[事案の概要]

建築設計・監理を業とする会社であるＹ１は、Ｘとの間で新築工事の設計・監理契約を締結し、同社に勤務する一級建築士であるＹ２を設計と工事監理の担当とした。その後、Ｎ工務店が建築工事を行い、完成後にＸは右建物に入居した。しかし、入居後に建物全体が東南方向にねじれるように変形し、東側全体が沈下した。建物に変形が生じた主たる原因は硬質地盤と軟弱地盤にまたがって建物を建築したことによる不同沈下にあった。そこでＸは、Ｙ１、Ｙ２を相手に訴訟を提起した。このうち、Ｙ１に対しては、債務不履行責任（民法415条）又は不法行為責任（民法715条）に基づいて、またＹ２に対しては、設計・監理者としての注意義務を怠ったことを理由に、不法行為に基づく損害賠償を請求した。

[裁判所の判断]

裁判所は、一級建築士は設計にあたり敷地を十分調査し、敷地上に完全な建築物が建築されるように基礎構造を十分検討して設計すべき注意義務があるとした上で、「被告Ｙ２は本件土地が造成地であり切土と盛土の硬軟両質の地盤で構成されていることを認識していたから、建築位置と基礎構造を十分検討しないと不同沈下がおこり、本件建物がひずむ危険があることを容易に予見できたのに、地盤の状態をまったく無視して基礎構造を初め本件建物の設計図を作成したから、設計にあたり、敷地調査義務を十分に尽さなかった過失がある。」とし、Ｙ１とＹ２の不法行為責任を認めた。

▶〔解説〕

　不同沈下による建築物のひずみは、「建築物としての基本的な安全性」に関する事項です。また、建物が硬軟両質の地盤にまたがる場合、支持地盤にまで達する杭基礎などにしないと、不同沈下や建物の変形が生じることは十分予見できます。したがって、建築物としての基本的な安全性に配慮すべき注意義務に違反していると思います。

ケース 8　不同沈下をおこした原因は敷地の地盤調査を怠った結果であるとして、契約当事者の会社と設計者個人の責任が争われたケース

（大阪地判昭和62年2月18日・判例時報1323号68頁）

[事案の概要]

　Xらは、2棟の建物の設計・施工を建築会社Yに依頼し、Yは、設計監理会社Z1に設計と工事監理を依頼し、自ら施工してこれを完成させた。その後各建物に不同沈下が生じたため、Xらは、鉄骨軸組架構体の歪み等の瑕疵があるとして、Y（訴訟係属中に倒産）に対し、契約責任を求め、またZ1とZ1の代表者（管理建築士）Z2に対し、不法行為に基づく損害賠償を求めた。

[裁判所の判断]

　「…被告Z2が破産会社YからA、B各建物の建築確認申請手続及びこれに伴う設計図書の作成の委任を受けたことは明らかであるが、建築確認申請書の工事監理者資格欄に被告Z1、同Z2の記名押印があるのは、某市の指導に従い建築確認を得るため便宜上右被告ら（Z1、Z2）の名義を用いたにすぎないことが窺われるのであって、右被告らが工事監理を引受けたものではないということができる。そうすると、被告Z1の監理建築

士である被告Ｚ2が原告ら（Ｘ）に対し、Ａ、Ｂ各建物の工事監理についてその責任を負うべきいわれはないというべきである。

　しかしながら、…（略）…被告Ｚ2は実際の地質調査をすることなく、地耐力が１㎡当り５ｔあるものとして本件の設計を行い、破産会社Ｙもまた実際の地質調査を実施することなく、右の設計図書に基づいて本件工事を施工したが、実際には設計図書どおりの地耐力がなく、そのため不等沈下を生じさせ、原告Ｘらに損害を生じさせたのである。ところで、被告Ｚ2の当面の任務は建築確認を得るところにあり、また、右の設計図書は直接には建築確認を得るために作成されたものと認めることができるが、…（略）…本件の経緯等からすると、右の設計は建築確認を得るためのものにとどまらず、実際の工事施工のためのものでもあったと認めるのが相当である。そして、被告Ｚ2は、一級建築士として、設計図書を作成するに当たってはこれを法令又は条例の定める建築物に関する基準に適合させなければならない（建築士法２条５項、18条２項）ところ、右各建物の基礎構造を設計するに際し敷地の地盤調査を怠り誤った地耐力を設定して、前記認定のとおり基礎構造の不等沈下を生じさせたのである。従って、被告Ｚ2は少なくとも過失により原告ら（Ｘ）の財産権を侵害したことになるから民法709条に基づき、被告Ｚ1は代表者である被告Ｚ2がその職務を行うにつきなした右不法行為につき法人として民法44条に基づき、各自右設計上の瑕疵により原告ら（Ｘ）が被った損害を賠償する責任がある。」

▶〔解説〕

　不同沈下による建築物の歪み等は、「建築物としての基本的な安全性」に関する事項です。

　ただ、本文でも述べたように、本来地盤データの作成そのものは、特約で設計契約に含まれている場合を除き、基本的に建築主の方で地盤調査会社に依頼して作成してもらい、設計者に提示すべきものであり、設計受託者には、地盤データ作成に関する説明や、建築主から提示されたデータを吟味し、設計するための情報としての過不足などを検討すべき義務がある

と考えられます。

本事案において、この点の事実関係は必ずしも定かではありませんが、設計図書で設定した地耐力が実際の敷地にはなかったために基礎の不等沈下が生じたことからすると、Ｚ１又はＺ２がこうした義務に違反した可能性は否定できません。

4　仕上げ等の安全性と不法行為上の注意義務

仕上げ等の安全性については、前記最高裁判決の「基本的な安全性」に含まれる場合と含まれない場合があると思われます。

基本的な安全性に含まれる場合としては、外壁タイルが剥離落下するようなケースでの、タイル貼り工法の選択などに関する注意義務が問題になります。

また、手摺の高さ、形状などについても、一般的な利用のもと、利用者の転落が予見できる場合には、転落防止に配慮すべき注意義務があると思われます。

その他、換気・空調・電気等設備についても、一般的な利用のもとで利用者の負傷等が予見できる場合など設備設計の注意義務が問題になります。

ケース9　外装のモルタルタイル張りが剥離落下し、通行人が負傷し、設計者の業務上過失致傷罪が問われたケース
（広島地判昭和42年10月18日・判例タイムズ213号205頁）

[事案の概要]

設計施工会社Ａは、鉄筋８階建のビルの設計・施工を請負い、一級建築士Ｙが設計の責任者となった。Ｙは、建物の外装をモルタルタイル張りとし、Ａは工事を完了した。その後、外装モルタルタイル張りが剥離落下

し、通行人が負傷したため、Yは、業務上過失致傷罪（刑法211条）に問われた。

[裁判所の判断]

「…本件モルタルタイル張りの剥離落下は右温度差により剥離現象を生ずる力が発生し、この力が前認上のごとく施工上の不備欠陥とシートパイル打工事の振動の影響とによって、モルタルタイルのコンクリート本体に対する附着力の弱まっていた部分に特に影響して剥離を惹起し本件のごとき結果を招来したものということができる。」

「およそ設計者に対し設計上の過失を問いうる為には設計者一般が具有すると認めるべき平均的水準に照らして設計上の瑕疵危険を予見しうべきものであることを要するものであるところ、本件被告人Yに対し本件ビル円形外装面のモルタルタイル張り設計につき温度差による膨張力の作用を考慮しなかつた過失ありとする為には昭和34年頃の右設計当時において平均的能力を有する設計者が社会通念上要求される程度の努力を払って設計に当ったならば当然設計上の瑕疵危険を当然認識予見しえたであろうことを前提とすべきであって、これが予見不可能と認められる建築設計の瑕疵危険についてまで予見義務を課し非難を加えることはできない。」

「…の具体的状況下にあって被告人Yが本件ビルの円形外装面の設計に関し、最も初期に設置せられた全館冷房による外壁との温度差を顧慮せず二丁掛けのモルタルタイル張りを採用し右温度差による剥離落下の危険に想到しなかつたことには無理からぬ点が存しこれを刑法的に評価すると被告人Yに対し要求されるべき予見義務の範囲を超え、従ってもとより検察官指摘のごとき、鉄骨本柱から壁面に向け支柱及び支え台を設け、タイル張り用モルタルの一部にアスファルトを用いる等のモルタルタイル張り剥離落下の危険を回避すべき注意義務を課しえない。」

▶〔解説〕

　この裁判例は、刑法上問われるべき設計者の過失について判断しています。すなわち「設計当時において平均的能力を有する設計者が社会通念上要求される程度の努力を払って設計に当たっ」ても、最も初期に設置された全館冷房によるビル外壁との温度差による剥離落下の危険は予見できないとして、過失を否定しています。

ケース 10 浴室の設計をするに際して、安全性を配慮すべき義務が課せられているか否か争われたケース
（東京地判昭和51年3月18日・判例時報838号66頁）

［事案の概要］

　Xは、旅館に宿泊し、入浴中、プロパンバス不完全燃焼による一酸化炭素中毒にかかって意識を失い、死亡した。
　浴室は、Y会社が設計と施工を受託し、Y会社の従業員が設計を行った。不完全燃焼の原因は、風呂燃焼釜設置部分の穴の中に、2cmの水がたまり、そこに小さい木片、マッチ棒、たばこの吸がら等が浮遊していたため、一酸化炭素が発生し、かつ換気が不良だったことにある。

［裁判所の判断］

　「…およそ建物の設計施工に従事するものには、その業務の性質上自己の設計施工上の措置等から他人に被害を及ぼさないように万全の配慮をなすべき高度の注意義務がある」とした上で、「…風呂燃焼釜のようなガス器具にあっては、ガス消費量の多い関係上、燃焼のために空気を円滑十分に供給する必要のあることは公知の事実であるから、被告方従業員としては、前記認定のような構造を有する本件浴室の内部にはガス不完全燃焼による一酸化炭素の充満する虞があることは予見しえたというべきである。」として、設計者の過失を認め、Y会社に使用者としての責任（民法715条）

を認めています。

▶〔解説〕

　理由、結論とも妥当です。設計者としては、換気には十分な注意が必要です。

9　設計業務の責任期間

1　設計業務の契約責任の期間

　設計業務に関する契約責任の期間については、設計契約で定めた場合、原則として、それに従います。

　契約で責任期間を定めなかった場合、設計契約を準委任契約と考えれば、債務不履行責任ですので、消滅時効は、基本的に設計図書の引渡し後10年（民法166条1項、167条1項）、又は5年（商法522条）と考えられます。

2　設計業務の不法行為責任の期間

　不法行為によって生じた債権の消滅時効は、損害及び加害者を知ったときから3年です（民法724条）。ただし、不法行為の時から20年以内に請求しなければなりません（民法724条）。

10　設計受託者の業務報酬支払請求権

1　設計終了後の工事中止

　設計受託者は、設計契約に基づいて業務報酬支払請求権を有しますが、設計が完了し、設計図書を建築主に引渡したのち、建築主が計画を中止した場合、どうなるでしょうか。

　設計受託者は、設計契約の内容をすべて履行した以上、設計契約を

準委任契約と考えても請負契約と考えても、全額の報酬支払請求権が存在することは問題がありません。

2　設計中の工事中止

では、設計完成前に建築主が一方的理由により工事計画を中止した場合の業務報酬支払請求権はどうなるでしょうか。

設計契約を準委任契約と考えると、「受任者（設計受託者）の責めに帰することができない事由によって履行の中途で終了した」（民法648条3項）場合にあたり、すでに遂行した履行の割合に応じて業務報酬の支払を請求することができると考えられます（民法648条3項）。

3　報酬額の約束のない場合

契約上、報酬額が決まっていない場合、業務報酬は支払請求できないのでしょうか。

設計契約は準委任契約であって、その性質上、当然に有償と考えられます。当然に有償契約である以上、当事者間に報酬額の定めがない場合でも、契約当事者の合理的意思解釈として、「時価相当額」の報酬支払約束があったと考えられます。

ただ、設計契約を準委任契約と考えると、報酬は後払いになります（民法648条2項）。したがって、報酬額が決まっていない場合でも、時価相当額の支払いを請求できますが、請求の時期は設計を完了し、設計図書等の成果物を引渡した後です。

ところで、設計報酬の時価相当額については、国土交通省告示第15号の報酬基準が参考になりますが、同告示は前提となっている標準業務量があるため、そのことに留意しつつ、各個別の具体的な事情に基づいて算出することが望ましいと思われます[28]。

| ケース 11 | 設計図書完成後、未だ設計図書を引渡していない段階において建築主の一方的な理由でその受取りが拒否された場合、又は計画が中止された場合の報酬請求権が争われたケース |

(大阪地判昭和56年1月29日・判例タイムズ452号143頁)

[事案の概要]

注文者Yは請負人Xと鉄骨鉄筋コンクリート造りの共同住宅の設計・監理契約を結んだ。しかし、その後Yが工事中止し、敷地を売却したため、その設計及び工事監理業務が不能となった。そこで、Xは、Yを相手に訴えを提起し、設計・監理契約を請負契約と構成して、同契約に基づく報酬支払を請求した。

[裁判所の判断]

裁判所は、こうしたケースは、設計図書の引渡しという履行が不可能な場合であり、その原因が建築主の責めに帰すべき事由によるものであるから、民法536条2項により設計者は報酬金額を請求できるとした。そして、設計・監理契約を一体の契約とし、設計は完成したが監理が履行不能の場合には、民法536条2項本文により代金全額を請求できるが、設計受託者は「工事監理業務を免れたことにより、少なくとも監理料の80%相当額の人件費等諸経費の支出を免れ、右同額の利益を得たもの」と推定し、損益相殺により、報酬金額から右同額を控除した残金を請求できるとした。

---

28 「参考資料」209頁以下を参照してください(一部省略があります)。

▶〔解説〕

　本事案は、設計・監理契約という1個の契約に基づいて設計料及び監理料全額の請求をしたケースです。原告が設計・監理契約を請負契約と構成するため、請負契約を前提に判断していますが、その点の当否はともかくとして、本判決の理屈からすると、仮に設計契約のみの場合には、設計が終了した以上、全額請求できることを述べているものと考えられます。

ケース 12　設計完成前に建築主が一方的事由により工事計画を中止した場合の報酬権が争われたケース

（東京高判昭和59年12月11日・判例時報1140号81頁）

[事案の概要]

　建築設計を業とする会社XとYとの間で、本件店舗の設計委任の契約が締結された。Xはこれに基づいて基本設計の作業を行ったが、YはXに対し、設計委任契約を解除する旨の意思表示をした。その後、XはYを相手に訴えを提起し、設計契約を第一審では請負契約、控訴審では準委任契約と構成して、同契約に基づく報酬支払を請求した。

[裁判所の判断]

　裁判所は、右設計委任契約は受任者たるXの責めに帰すべからざる事由によりその履行の半途において終了したと認定し、設計委任契約に際し報酬支払について特段の合意がなくてもXは設計を営業として行う商人であり、契約解除はXの責めに帰すべからざる事由によるものであるから、民法648条3項の規定により、Xは契約解除までに遂行した設計業務の割合に応じて報酬を請求できるとした。

▶〖解説〗

　この結論に異論はありません。また、設計契約を準委任契約と構成していること、民法648条3項を適用していることは妥当と考えられます。

　なお、この裁判例は、「建設業者の場合、工事そのものの受注に主眼を置くためその前提となる設計業務については報酬を請求しない場合もあることが認められるから、これら建設業者の場合と設計監理のみを専業とする控訴人Xの場合とを同列に論ずることはできず…（略）…」とし、建設会社の設計部門と建築設計事務所とを区別して論じていますが、建設会社の設計部門と建築設計事務所とではそれぞれ異なった理念と体制の下に設計に当たることも考えられ、そのことから解釈に違いが生じる可能性は否定できません。

ケース 13　当事者に報酬の定めがなかった場合、建築主側の事情により終了した場合の相当報酬額を算定したケース
（東京地裁平成3年5月30日・判例時報1408号94頁）

[事案の概要]

　建築の設計・監理等を業とする会社であるXは、Yとの間で建築設計契約を締結したが、報酬額は定めなかった。Xが平面図の作成など本格的に設計作業に着手した後、Yは、Xに対し、計画の変更により建物建築工事は不要となるため建築計画の中止を申し入れた。そこで、Xは、Yを相手に訴えを提起し、同契約に基づく報酬支払を請求した。

[裁判所の判断]

　「当事者間に報酬額の定めのない場合、右相当額を判断するについては、建築士業界の基準、当事者間に推認される合理的意思、業務の規模、内

容、程度等の諸事情を総合的に勘案して相当とされる額を定める他はない。」とし、旧建設省告示第1206号に言及しつつ、報酬額を算定した。

▶〔解説〕

　一般的な考え方としては問題ないと思います。当時の建設省告示第1206号は、平成21年に廃止され、現在は、国土交通省告示第15号が参考になります。

11　建築士の資格・建築士事務所登録と設計契約の効力

　ここでは、建築士の資格と建築士事務所登録に関する契約上の問題として、建築士事務所登録のない者が契約当事者になり、建築士の資格のない者が設計することを内容とする場合、建築士事務所登録のない者が契約当事者になるが、建築士が設計することを内容とする場合、さらに、建築士事務所登録のある者が、建築士の資格のない者に設計させる場合の設計契約の効力について考えてみます。以下に一般論について私見を述べますが、本来、依頼した設計業務の内容等に応じたケースバイケースの判断にならざるを得ないと思います。

1　建築士事務所登録のない者が契約当事者となり、建築士の資格がない者が設計することを内容とする場合

　建築士法は、建築物の設計・工事監理を行う技術者の資格を定めて、その業務の適正を図り、もって建築物の質の向上に寄与させるという目的（建築士法1条）を達成するために、設計及び工事監理に必要な知識及び技能について、国又は都道府県が試験を行い、その試験に合格した者を建築士とし（建築士法12条以下参照）、建築士でなければ一定の建物の設計・工事監理ができないとしています（建築士法3条〜3条の3）。

また、建築主は、建築士に設計させなければ工事することはできません（建築基準法5条の4）。
　したがって、建築士法と建築基準法は、一定の建築物について、一定の技術的能力を有する者（建築士）が設計や工事監理しなければ建築物の質が確保できないと考えています。
　しかも、建築士は技術的能力を維持向上のため、定期的に講習を受けなければならないとされています（建築士法22条の2）。これは、構造計算書偽装問題を受けて、平成18年に新設された規定です。
　しかし、資格のない者が設計した場合、能力的な担保がされていないため、建築物の質が確保されない設計が行われる危険性があり、そうなると、設計を依頼した建築主だけでなく、居住者、利用者、近隣住民など広い範囲の国民の生命、身体、財産の安全が害されます。
　加えて、建築士法は、建築士事務所登録制度を採用しています。登録制度を採用することにより、建築士としての業務の適正を図り、もって建築物の質の向上に寄与しようとするためです（同法1条参照）。
　そして、この登録制度のもと、建築士は、建築士事務所の登録（建築士法23条の3）をしないで、自ら又は建築士を使用して、業として他人の求めに応じ報酬を得て設計等を行うことはできないとされています（同法23条の10）。
　こうしたことから考えると、建築士事務所登録のない者が契約当事者になり、かつ建築士の資格のない者に設計させることを内容とする契約は、基本的に強い違法性を帯び、公序良俗に反し（民法90条）無効と考えられると思います[29・30]。

2　建築士事務所登録のない者が契約当事者になるが、建築士が設計することを内容とする場合

建築士事務所登録制度の趣旨については、前述のとおりです。

しかし、たとえ建築士事務所が無登録であっても、建築士が設計する場合、設計された建築物は少なくとも国民の安全性を確保するのに必要な技術的水準は確保されていると考えられます。こうしたことからすると、事務所登録をしていないという違法性の程度は、建築士の資格のない者が設計した場合に比べてかなり小さいといえるのではないでしょうか。

したがって、建築士事務所登録のない者が契約当事者となったが、

29　東京高判昭和53年10月12日判例時報917号 P.59は、建築基準法5条の2（現在は5条の4。以下同じ。）に反して資格のある建築士の設計によらず、その監理も受けないでこの工事を施工することは強い違法性を帯びるから、これを内容とする点においてすでに無効としています。その理由とするところは、建築基準法5条の2の立法趣旨、すなわち安全性の確保に反するという点にあり、文中の理由と同様と考えられます。なお、この裁判例は、建築主が悪意の場合の事例です。

30　東京高判平成22年8月30日判例タイムズ1339号 P.107は、「当該請負契約が建築基準法に違反する程度（軽重）、内容、その契約締結に至る当事者の関与の形態（主体的か従属的か）、その契約に従った行為の悪質性、違法性の認識の有無（故意か過失か）などの事情を総合し、強い違法性を帯びると認められる場合には、当該請負契約は強行法規違反ないし公序良俗違反として私法上も無効とされるべきである。」としています。

　また、この事件の上告審である最高裁判決（平成23年12月16日第二小法廷）判例時報2139号 P.3 は、「本件各建物の建築は著しく反社会性の強い行為であるといわなければならず、これを目的とする本件各契約は、公序良俗に反し、無効であるというべきである。」「これに対し、追加変更工事は、……その中には本件本工事の施工によって既に生じていた違法建築部分を是正する工事も含まれていたというのであるから、基本的には本件本工事の一環とみることはできない。そうすると、本件追加変更工事は、その中に本件本工事で計画されていた違法建築部分につきその違法を是正することなくこれを一部変更する部分があるのであれば、その部分は別の評価を受けることになるが、そうでなければ、これを反社会性の強い行為という理由はないから、その施工の合意が公序良俗に反するものということはできないというべきである。」としています。

　この事案は、工事請負契約をめぐる争いですが、参考になります。

建築士が設計することを内容とする場合には、設計契約は公序良俗に反するとまでいえず、有効と考えられるケースが多いと思われます。

ただ、実際に設計を行う建築士が定期講習（建築士法22条の２）を受講していない場合には、建築士としての能力に欠けると評価されるケースもあり得ることに注意を要します。

3 建築士事務所登録した者が契約当事者となり、建築士の資格のない者に設計させることを内容とする場合

建築士事務所登録はしているものの、建築士の資格のない者が設計することは、強い違法性を帯び、公序良俗に反し無効と考えられるのではないでしょうか。

ケース14 一級建築士登録のない会社が契約当事者になり、一級建築士事務所に全部再委託して設計した場合の設計報酬が争われたケース

（東京地判昭和41年９月11日・判例時報465号49頁）

[事案の概要]

一級建築士事務所の登録がされていない建設会社ＸはＹから新築工事についての工事金額の見積りを依頼され、これを承諾した。しかしこの見積契約は単なる概算見積りではなく、将来右新築工事請負契約をするか否かを決定するための資料となる正確な見積り作成を目的とする契約であった。そしてＸ会社は右契約にしたがってＹと数回に渡って詳細な打合せをして設計及び見積りの作業を進めた結果、Ｘ会社の依頼した一級建築士Ａ（登録した一級建築士事務所に所属）が本件建物についての設計図面を作成し、さらにこの図面に基づいて詳細な工事費見積書を作成し、Ｘ会社がＹに対し設計図面を昭和37年11月下旬、工事見積書を同年12月17日ころそ

れぞれY方に持参した。その後X会社は、Yに対し、設計報酬を請求した。

[裁判所の判断]

　裁判所は、次のような判断をした。すなわち、建築士法が23条の9、35条4号の3のような規定をしているのは、「建築物の設計、工事監理等を行う技術者の資格を定めて、その業務の適正をはかり、もって建築物の質の向上に寄与させることを目的とするものであり（建築士法1条参照）、無資格の者が報酬を得て建築物の設計等を業として行うことを禁止する趣旨に出るものである。したがって、建築士事務所の登録を有しない者が自ら、もしくは建築士を使用して、他人の求めに応じ報酬を得て建築物の設計等を業として行うことはもとより許されないところである。しかしながら、右のごとき建築士法の関係規定の立法趣旨を考えると、建築業者が注文者の依頼にもとづき、その後に締結されるべき建築請負工事の準備的行為として、資格がありかつ建築士事務所の登録を有する建築士を使用して建築物の設計を行なわせたのち、右建築請負契約が不成立に終った場合に、右設計に関する報酬の請求まで禁止するものではないと解するのが相当である。これを本件についてみるに、原告Xが建築士事務所の登録を有しないものであることは当事者間に争いのないところであるが、建築業者たる原告Xが被告Yの申込により、その後に締結されるべき本件建物の建築請負工事の準備的行為として工事費の見積をするに際し、一級建築士の資格をもち建築士事務所の登録を有するAを使用して右建物の設計を行なわせたことは前示のとおりであり、かつ右建築請負契約が不成立に終ったことが弁論の全趣旨によって認められるから、建築士法の前示規定にかかわらず、原告Xの被告Yに対する右設計に伴う報酬請求権の発生が妨げられることはないというべきである。」

▶〖解説〗

　この事案は、一級建築士事務所登録のない会社が、自らは設計せずに他の資格者に設計させたケースです。

　一級建築士事務所の登録を有する事務所に依頼し、かつ実際の設計は資格のある者（A）がしていることからすると、Xが建築士事務所の登録を有していないことでYの信頼を著しく損ねるという事情でもあれば格別、そうでなければ設計業務報酬支払請求権の発生を認めてもよいと思われます。

　そうだとすると、報酬額についても、特別の事情がない限り、一般の建築士事務所が建築物の設計をした場合と同様の基準をもって依頼者に設計による報酬を請求できると判断している点も妥当です。建築主は右設計により登録している建築士事務所が設計した場合と同等の利益を得るからです。

　なお、建築士法違反として監督処分を受けることは別の問題です。

第2章　工事監理業務の法的解析

　工事監理は、建築士法や建築基準法上、一般国民の安全確保のために重要な行為と位置付けられています。建築士は、この工事監理を建築主から依頼されて行うケースがほとんどですが、一般に、工事監理だけを依頼されることは少なく、工事監理を含む監理業務（国土交通省告示第15号に示される標準業務など）を引受けることが多いと思われます。

　もっとも、実務上「工事監理」と「監理」の用語がかなり混乱して使用されています。そのためか、工事監理者として本来負う必要のない責任まで追及され、また負わされているケースも散見されます。そこで、ここでは工事監理業務と監理業務の意味を説明するとともに、監理業務の中核である工事監理を行う者（工事監理者）の法的義務を中心に説明します。

1　工事監理の法的基本ルール
1　契約一般
　「契約自由の原則と民法の規定」「契約の成立と契約書」「契約の内容」「契約の効果」及び「契約の終了」については、設計の場合と同様ですので、解析編・第1章・1・P13を参照してください。

2　工事監理契約と建築士法
(1)　民法と建築士法等
　一定の建築物の工事をする場合、建築主は、工事監理者を定めなければ工事をすることはできません（建築基準法5条の4第4・5項）。

また、工事監理は、一定の建築物について建築士でないと行うことができません（建築士法3条〜3条の3）。

　したがって、建築主は、工事を実施しようと思えば、自らが建築士である場合を除き、契約を締結して建築士に工事監理を行ってもらうことになります。これを、工事監理を行う側（工事監理受託者）から見ると、工事監理を行う場合には、自らが建築主でない限り、工事監理に関する契約を締結することになります。ですから、工事監理者としても、工事監理を適切に行うためには、工事監理契約について、民法のルールをよく理解しておく必要があることは、設計者の場合と同様です。

　また、建築士法に違反すると、建築士は同法に定める制裁（業務停止、免許取消し、罰則など）を受けたり、契約の有効性にも影響を与える場合もあります。したがって、建築士法上のルールも工事監理契約を締結し、履行する際に考慮すべき重要なルールの一つになると考えられるため、ここでは建築士法上の制約も踏まえて説明します。

(2) **工事監理契約の当事者と建築士法**

　建築士法上、工事監理契約の当事者は、建築士事務所の開設者であり（建築士法23条）、実際に工事監理を行う建築士個人と必ずしも一致しないことは、設計の場合と同様です。すなわち、契約責任は、契約当事者である建築士事務所の開設者が負い、工事監理を行う建築士個人ではありません。

　また、第三者に対しては、建築士個人も建築士事務所の開設者も不法行為責任を負う場合があることも、設計の場合と同様です。

(3) **工事監理契約の成立等と建築士法**

　建築士法により、契約当事者、建築士事務所登録（建築士法23条など）、重要事項説明（建築士法24条の7）、契約成立後の書面交付義務（建築士法24条の8）等、設計契約と同様の制約があります。

(4) 工事監理業務の実施と建築士法

　実際の工事監理は、契約当事者としての建築士事務所に所属する建築士又は再委託先の建築士事務所に所属する建築士が行うことになります（建築士法3条～3条の3、24条の3）。

　建築士は、建築物の用途、規模等に応じて、一級建築士、二級建築士、木造建築士や構造設計一級建築士、設備設計一級建築士に区別されています（建築士法3～3条の3、20条の2、20条の3）。

(5) 工事監理業務の再委託契約と建築士法

　工事監理業務の再委託については、設計業務の再委託と同様の制約がありますので、解析編・第1章・①2(5)・P21を参照してください。

(6) 監理契約と建築士法

　建築士法上定められた「工事監理」以外の監理業務に関する契約については、建築士法上の制約はかなり少なくなっています。すなわち、建築士がこうした業務を行おうとする場合は、建築士事務所登録に関する制約があるものの、契約前の重要事項説明義務（建築士法24条の7）や契約成立後の書面交付義務（建築士法24条の8）はありません。もっとも、工事監理以外の監理業務を依頼されるときは工事監理も依頼されることがほとんどですので、実際には、重要事項説明や契約成立後の書面交付が行われることになると思われます。

3　工事監理と不法行為責任

　不法行為制度の概要については、解析編・第1章・①3・P22で述べておりますので、参照してください。

　また、工事監理業務における不法行為責任に関する最高裁判決（平成19年7月6日第二小法廷、平成23年7月21日第一小法廷）の内容については、P66を参照してください。

2 工事監理と監理業務の意味

1 建築士法上の「工事監理」[31]と工事監理を行う場合の業務

(1) 工事監理とは

「工事監理」とは、建築士法上、「その者の責任において工事を設計図書と照合し、それが設計図書のとおりに実施されているかいないかを確認すること」と定められています（建築士法2条7項）。

また、建築基準法上、「工事監理」を行う者が「工事監理者」とされています（建築基準法2条11号）。

(2) 工事監理の意義

本来、建物を完成するためには、設計と施工さえあればよいはずです。にもかかわらず建築主は、一定規模以上の建物を建築する場合、建築士による工事監理を義務づけられています（建築基準法5条の4第4・5項）。その趣旨は、建物は国民の生命の安全に大きく関係するものであり、万一手抜き工事等により安全でない建物が建築され事故が発生した場合には、建築主のみならず建物利用者等第三者の安全をも害するため、単なる債務不履行の問題として損害賠償等の事後的救済だけでは不十分と考えられたためではないかと考えられます。すなわち、工事監理は、建築主の利益保護のみならず他の国民の利益のためにもなされるという公益的な性格をあわせもつと考えられます。

(3) 工事監理を行う場合の業務

工事監理を行う場合、建築士が建築士法上行うべきとされている業務は、次のとおりです。

---

31 「工事監理」と「工事管理」は、意味がまったく違います。「工事監理」は、本文で説明したとおりですが、「工事管理」は、施工者が工事を工期、品質、コスト、安全などの観点から合理的に処置することを意味します。

a）その者の責任において工事を設計図書と照合し、それが設計図書のとおりに実施されているかいないかを確認すること（建築士法2条7号）
　　b）工事が設計図書どおりに実施されていないと認めるときには、直ちに施工者に対して、その旨を指摘し、工事を設計図書どおり実施するよう求め、施工者がこれに従わないときにはその旨を建築主に報告すること（建築士法18条3項）
　　c）工事監理を終了したときにはその結果を文書で建築主に報告すること（建築士法20条3項）
　上記a）～c）の業務は、工事監理を引き受けた場合、建築士法上、建築士が必ず行わなければならないとされている業務ですので、工事監理契約において排除されない限り、工事監理契約に当然に含まれる業務と考えられます。
　一方、これら以外の業務は、建築士法上定められた業務ではないため、工事管理契約に当然に含まれる訳ではなく、あくまで契約でとくに定めたとき初めて履行義務が生じると考えられます。

2　監理業務（契約で定められる任意の業務）
　四会連合協定建築設計・監理等業務委託契約約款[32]においては、工事監理とそれ以外の業務も含めた広い概念として、「監理業務」という用語を使用しています。
　この監理業務の内容については、同約款と一体となる「業務委託書」に記載されています。
　この点、国土交通省告示第15号[33]の別添一の「2　工事監理に関する標準業務及びその他の標準業務」に記載されている具体的な業務

32　四会連合協定の設計・監理等業務委託契約約款については、P.22の脚注を参照してください。

は、監理業務として一般的と考えられるものです。

また、同告示における標準業務以外の監理業務としては、「住宅性能評価に係る業務」や「建築主と工事施工者の工事請負契約の締結に関する協力に係る業務」[34]などがあります（告示第15号・別添四)[35]。

なお、契約形態としては、工事監理だけを対象とする場合もありますが、一般的には、それ以外の業務も含めた「監理業務」の契約となることが多いと思われます。

3　工事監理と監理業務の関係

工事監理と監理業務の関係を図示すると、以下のとおりになります。

工事監理に関する標準業務 (告示第15号・別添一)			その他の 標準業務 (告示第15号・別添一)	標準外の 業務 (告示第15号・別添四)	オプション 業務 (四会連合協定建築 設計・監理等業務 委託契約約款)
工事監理 建築士法2条7項	建築士法 18条3項	建築士法 20条3項			
建築士法で義務づけられる 工事監理者の業務					
			監理業務		

33　告示第15号は、平成21年1月7日から施行されています。従前の旧建設告示第1206号は廃止されました。

34　旧建設省告示第1206号では、「(2) 工事の契約及び指導監督」の中に「①工事請負契約への協力」が掲載されていましたが、告示第15号では、標準外の業務とされています。なお、「工事請負契約の締結に関する協力に係る業務」は、契約締結という法的な事項について、法的専門家でない工事監理者に扱えるはずもないこと、非弁活動禁止（弁護士法72条）に抵触する可能性もあること、工事請負契約の締結に関しては、専門技術的な事項がかなり関係してくることからして、「専門技術的事項に関して協力する業務」と考えられます。

35　告示第15号に記載されている業務以外の監理業務については、四会連合協定の「建築設計・監理等業務委託契約約款」の付属資料である「参考資料・オプション業務サンプル一覧表」が参考になります。

③ 国土交通省告示第15号の標準業務

1 告示第15号の標準業務の意味

　告示第15号は、建築士法25条の規定に基づいて、建築士事務所の開設者が、建築物の設計や工事監理などの業務を行う場合に、請求できる報酬の標準的算定方法を定めるものです。

　この告示の「別添一」に、「工事監理に関する標準業務」と「その他の標準業務」が掲載されていますが、これらの標準業務は、あくまで業務報酬の算定方法の一つである略算方法を用いる場合の前提となる業務内容にすぎず、設計受託者や工事監理受託者として最低限行わなければならない業務を示すものではないことに注意する必要があります。

2 工事監理に関する標準業務

　告示第15号が「工事監理に関する標準業務」[36]で掲げる業務は、工事監理そのものだけでなく、工事監理と密接に関連する業務として通常行われるであろうと考えられるものを含んでおり、厳密な意味では、建築士法で義務づけられている工事監理者の業務以外のものも含んでいます。

　具体的には、次のとおりです。(詳しくは巻末参考資料Ｐ209を参照してください。)

> (1)工事監理方針の説明等
> 　（ⅰ）工事監理方針の説明
> 　（ⅱ）工事監理方法変更の場合の協議
> (2)設計図書の内容の把握等

36　別添一「２　工事監理に関する標準業務及びその他の標準業務」のうち、「一　工事監理に関する標準業務」

（ⅰ）設計図書の内容の把握
　　（ⅱ）質疑書の検討
　(3)設計図書に照らした施工図等の検討及び報告
　　（ⅰ）施工図等の検討及び報告
　　（ⅱ）工事材料、設備機器等の検討及び報告
　(4)工事と設計図書との照合及び確認
　(5)工事と設計図書との照合及び確認の結果報告等
　(6)工事監理報告書等の提出

　なお、告示第15号において、「工事監理に関する標準業務」となっているのは、工事監理そのものではないが、工事監理を行ううえで密接に関連する業務を含んでいるからです。たとえば、「(3) 設計図書に照らした施工図等の検討及び報告」の中の「(ⅰ) 施工図等の検討及び報告」は、「設計図書の定めにより、工事施工者が作成し、提出する施工図（躯体図、工作図、製作図等をいう）、製作見本、見本施工等が設計図書の内容に適合しているかについて検討し、建築主に報告する。」という内容ですが、施工図は、工事する「前」に施工者が設計図書に基づいて作成する図面です。一方、工事監理は、実際の工事が設計図書のとおりに実施されているかいないかを確認することです。したがって、施工図の検討や報告は、厳格な意味では工事監理ではありません。しかし、施工者が施工図を作成し、このとおり工事しようとしている場合、そのまま工事をさせ、工事した後になって設計図書どおりでないことを指摘し、設計図書どおり実施することを求めるのは、極めて不合理です。したがって、施工図を工事する「前」に検討することは、いわば「事前の工事監理」ともいうべきもの（P104を参照）で、工事監理と密接に関連する業務といえます。

3 その他の標準業務

「その他の標準業務」は、工事監理と別個の業務ではありますが、工事監理を依頼する際、一緒に、当該工事のために必要と考えられる業務を契約で頼まれることが多いと考えられる業務です。

告示第15号が「その他の標準業務」として掲げる業務は、次のとおりです（詳しくは巻末参考資料P217を参照してください）。

> (1)請負代金内訳書の検討及び報告
> (2)工程表の検討及び報告
> (3)設計図書に定めのある施工計画の検討及び報告
> (4)工事と工事請負契約との照合、確認、報告等
> 　（ⅰ）工事と工事請負契約との照合、確認、報告
> 　（ⅱ）工事請負契約に定められた指示、検査等
> 　（ⅲ）工事が設計図書の内容に適合しない疑いがある場合の破壊検査
> (5)工事請負契約の目的物の引渡しの立会い
> (6)関係機関の検査の立会い等
> (7)工事費支払いの審査
> 　（ⅰ）工事期間中の工事費支払い請求の審査
> 　（ⅱ）最終支払い請求の審査

4　「確認」（建築士法2条7項）の意味

施工上の瑕疵が発見された場合、そのことをもって、直ちに工事監理者に責任追及することがよくあります。しかし、瑕疵の存在イコール工事監理者の責任ではありません。

そもそも工事監理は、「その者の責任において、工事を設計図書と照合し、それが設計図書のとおりに実施されているかいないかを確認すること」です（建築士法2条7項）。しかし、工事監理者が、施工者の実施する工事すべてについて隅から隅まで確認することは、事実

上不可能です（そのような確認まで必要とされるのであれば、極端な話、現場で作業する職人の数だけ工事監理者が必要にもなりかねませんし、仮にそれだけの数の工事監理者がいたとしても、溶接の欠陥、鉄筋一本一本の品質確認など、目視だけでは必ずしも発見できないものも多くあります）。

したがって、「確認」といっても、たとえば、鉄筋の品質については、施工者の提出するミルシートなど品質に関する書類の確認、溶接については、溶接前の準備段階の抽出・目視による確認や溶接後の第三者の行う検査結果などの確認、コンクリートの品質確認については、施工者から提出される配合表やテストピースの検査結果の確認などで足りると解されます。また、鉄筋のコンクリート被り厚さについても、現実に打設されたコンクリート内において被り厚さが確保されているかどうかは事実上確認できないため、スペーサーの適切な配置がなされているかなど、コンクリート打設前の準備段階での抽出・目視等の確認で足りると考えるべきです。

このように、工事監理者の確認は、「確認対象工事に応じた合理的な方法による確認」で足りると解されます[37]。

この考え方は、国土交通省告示第15号及び四会連合協定建築設計・監理等業務委託契約約款にも踏襲されています。告示第15号では、「工事施工者の行う工事が設計図書の内容に適合しているかについて、設計図書に定めのある方法による確認のほか、目視による確認、抽出による確認、工事施工者から提出される品質管理記録の確認等、確認対象工事に応じた合理的方法により確認を行う。」とされています（同告示・別添一・2・一（4））。

また、四会連合協定建築設計・監理等業務委託契約約款と一体に

---

[37] 拙著「建築工事の瑕疵責任入門新版」P.81 大成出版社

なっている業務委託書では、「工事施工者の行う工事が設計図書等の内容に適合しているか否かにつき、設計図書等に定めのある方法…（中略）による確認のほか、目視による確認、抽出による確認、施工者から提出される品質管理記録…（中略）の確認等、確認対象工事に応じた合理的方法により確認を行う。」とされています（業務委託書4A104）。

5 工事監理契約・監理契約の法的性質
　―適用される民法の規定は、準委任契約か、請負契約か―

　工事監理契約の法的性質も、設計契約の場合と同様、契約当事者の意思が不明確な場合にはじめて問題となります。では、工事監理契約の法的性質は、準委任契約でしょうか、それとも請負契約でしょうか。

　工事監理業務は、建築主から依頼された段階から工事終了までの間、建築主の目的実現に寄与すべく、工事が設計図書どおりに実施されているか否かの確認という継続的かつ統一的な業務と考えられます。

　報酬請求権の点からみても、工事完了前であっても、工事監理業務の中止について工事監理受託者の責めに帰すべき事由がない場合には、工事監理業務の遂行の割合に応じた報酬請求権（民法648条3項）があると考えるべきです。工事を設計図書と照合し、確認をしてきたという事実をそのまま法的にも認めることが望ましいからです。

　また、工事監理受託者がその過失の有無を問わず責任を負わされる（請負契約）より、専門家としての注意義務を果たさなかった場合にのみ責任を負う（準委任契約）と考えるべきです。建築士法等によって建築士による工事監理が義務づけられている以上、建築士としての能力を超える場合にまで責任を負わせることは妥当ではないからです。

　以上より、工事監理契約は準委任契約（民法656条）と考えられま

す。

　また、工事監理を含む監理契約は、依頼される内容にもよりますが、ほぼ準委任契約と考えられます。

　なお、多くの学説は、工事監理契約を準委任契約と考えていますが、監理契約については、はっきりしません。

6　工事監理契約上の注意義務

1　工事監理契約上の注意義務の内容

　工事監理契約は、建築主と工事監理受託者との間で締結され、民法上はその内容も自由に決定できます。したがって、工事監理の方法について、原則として自由に決めることができますが、内容によっては、契約自体が公序良俗違反（民法90条）と評価されて無効となるケースや、契約は有効としても、建築士法等の違反になるケースなどもあることに注意が必要です。

　また、工事監理は依頼せず、その他の業務だけを依頼することも理論上は可能ですが、一般的には考えにくいと思われます。この場合、工事監理を別人に依頼しない限り工事を進められない（建築基準法5条の4）からです。

　また、工事監理契約は準委任契約であるため、工事監理受託者は契約で定められた内容を実現すべく、善管注意義務（善良な管理者の注意義務）を負っています（民法656条、644条）。すなわち、「債務者の職業、その属する社会的・経済的地位などにおいて一般に要求されるだけの注意」をする義務があります[38]。

38　我妻栄・新訂債権総論（民法講義Ⅳ）P.26 岩波書店

2 設計図書に関する注意義務

(1) 設計図書の不備が発覚した場合

　設計図書に不備が発覚した場合、工事監理受託者としては設計図書の不備をまったく無視して施工させてもよいのでしょうか。

　工事監理受託者は、建築主から実際の施工が設計図書（設計図及び仕様書）のとおりにされているかどうか確認することを依頼されていますが、たとえば、設計図と仕様書との間で矛盾がある場合、どちらを基準に施工させればよいのか判断できません。このような場合、工事監理受託者が、これはあくまで設計受託者や設計者の責任問題であって、自分に関係ないとしてかかる矛盾を無視すれば、結局のところ工事が設計図書のとおりに実施されているかいないかを確認できず、自らの業務をまっとうできないことになるばかりか、建築主としても、このような場合には設計受託者や設計者の判断を仰ぎたいと考えるのが通常だと思います。

　したがって、設計図書の不備が発覚した場合には、工事監理受託者は、当該不備を建築主に報告する義務があると考えるべきです。

(2) 設計図書の審査義務の有無

　では、設計図書の内容が建築基準法等関係法令に抵触していたが、それに気づかず、設計図書どおりの施工を確認した場合、工事監理受託者には注意義務違反があるでしょうか。工事監理受託者には、設計図書に不備があるかないかを積極的に審査する義務があるか否かの問題です。

　結論からいえば、義務はないと解されます。こうした義務を課すことは、建築士法2条7項で定める工事監理という業務内容を超えることは明らかだからです。また、実質的にも、役割がまったく異なる設計者の過失を工事監理者に転嫁することになって不当ですし、さらに設計の審査には膨大な業務量が必要となるものの、通常、そのような

業務量を見込んでいないことは、告示第15号からも明らかだからです。

　もっとも、設計図書を審査する特約をすることは可能です。ただ、その場合であっても、あくまで契約によって任意に付加された業務にすぎず、工事監理業務に当然含まれるものではありません。

3　施工図等に関する注意義務

(1)　国土交通省告示第15号と四会連合協定建築設計・監理等業務委託契約約款の取扱い

　告示第15号は、「工事監理に関する標準業務」の一つとして、「設計図書に照らした施工図等の検討及び報告」業務を掲げ、工事監理者は「設計図書の定めにより、工事施工者が作成し、提出する施工図（躯体図、工作図、製作図等をいう。）、製作見本、見本施工等が設計図書の内容に適合しているかについて検討し、建築主に報告する。」ものとしています[39]。

　なお、四会連合協定建築設計・監理等業務委託契約約款と一体化されている業務委託書では、告示第15号同様、施工図と設計図書の内容の適合性について建築主に報告するほか、同告示より一歩進めて、適合していると認められる場合には、工事施工者に対して「承認」することとしています（業務委託書４A103・１）。

(2)　施工図の意味

　施工者が作成する施工図[40]には、実施設計の延長と考えられる図面が含まれないことは明らかです。実施設計図面は、設計者が作成すべ

39　告示第15号・別添一「２　工事監理に関する標準業務及びその他の標準業務」「一　工事監理に関する標準業務（３）(i)」

40　施工図とは、「設計図を実際の施工に適合するように書き改めた施工用の図面。躯体図、杭施工図などのように、その表わしている内容はより単一目的になっている。」とされています（「建築大辞典」第２版 P.898　彰国社）

第２章　[6]　工事監理契約上の注意義務　　103

きものだからです。

　元請建設業者が下請建設業者に十分理解してもらうために説明用に描く「施工詳細図」（たとえば躯体図）や下請建設業者が実際に工作・製作するために描く「工作図」「製作図」（たとえば鉄骨製作図）などが施工図に含まれることは問題ないと思います。

(3)　事前の工事監理[41]

　本来、工事監理は、「その者の責任において工事を設計図書と照合し、それが設計図書のとおりに実施されているかいないかを確認すること」であることからすれば、実際の工事が行われていない段階で施工図を設計図書と照合する必要はないかもしれません。しかし、施工者が施工図で施工しようとしている姿を具体的に示しているときに、その施工図が設計図書と一致していないにもかかわらず、何のチェックもせずに、実際に工事を行った後に是正を求めるのは極めて不合理です。施工図の段階で照合・確認しておく方が明らかに合理的です。工事監理を事後的な確認とすれば、施工図の検討は、いわば事前の確認といえるため、本書では、施工図の検討・報告など事前の確認を「事前の工事監理」とよんでいます（本章③2も参照してください）。

　ただ、事前の工事監理としての施工図の検討は、工事監理に当然に含まれる業務ではなく、監理契約により引き受けた場合に行われる業務です。一般的には、設計図書に定められていることが多いと思われます。

4　施工計画に関する注意義務

　「施工計画図」は、工事目的を達成するために検討して採用した施

---

[41] 「事前の工事監理」という用語は、「施工図の検討」という業務の合理性を端的に表わす言葉として筆者がネーミングしたものにすぎず、一般的には使用されていません。

工方法や段取りを図示して関係者に伝達する図面です。たとえば、仮設物の詳細・配置を計画した「総合仮設計画図」や「足場計画図」、工法や施工順序など施工方法に関する計画を示す「根切計画図」、「山留(やまどめ)計画図」、「鉄骨建方計画図」、「型枠計画図」（コンクリート打放しのような型枠割付(わりつけ)自体が直ちに意匠に反映するような場合は、施工詳細図といえるかもしれません）がこれにあたります。

　この施工計画は、工事を実施するうえでの現場の考え方を示すもので、その成否は工事費や安全に多大な影響を及ぼすなど、施工計画こそ施工会社の施工技術を発揮する場面であって、立案とその結果に対して施工者が全面的に責任を負う代わりに、その立案についても自らの裁量において行われるべきものです。したがって、施工計画の検討は工事監理契約に当然に含まれる業務ではなく、監理契約により引き受けた場合に行われる業務です。一般的には、設計図書に定められることが多いと思われます。

　また、施工計画に対して行う監理受託者の検討は、設計図書に定められた品質が確保できないおそれがあるか否かという観点からの検討と考えられます。

　この点、国土交通省告示第15号では、「二　その他の標準業務」の「設計図書に定めのある施工計画の検討及び報告」において「設計図書の定めにより、工事施工者が作成し、提出する施工計画（工事施工体制に関する記載を含む。）について、工事請負契約に定められた工期及び設計図書に定められた品質が確保できないおそれがあるかについて検討し、確保できないおそれがあると判断するときは、その旨を建築主に報告する。」と定めています（告示第15号・別添一・2・二（3））。厳密にいうと、告示でいう「施工計画」は、工事施工体制に関する記載も含んでいるため、上記で述べた「施工計画」より少し広い概念です。

また、四会連合協定建築設計・監理等業務委託契約約款と一体化されている業務委託書では、告示第15号と同様、建築主に報告するとしているほか、同告示より一歩進めて、工事施工者に対して通知することとしています（業務委託書４A203）。

5　工期に関する注意義務

　工期は、基本的に建築主と施工者間の工事請負契約の内容であり、また工事監理受託者は、施工者の工事の進行を管理[42]する立場にはないため、工事監理受託者には、工期遵守についての義務はありません。

　ただし、施工図の承認などが監理業務の内容になっている場合、施工図が承認できる状態にあれば、工期との関係上、適切な時期に承認する義務があると考えられます。

6　工事監理の方法（常駐監理と重点監理）と注意義務

　工事監理の方法として、現場に工事監理者が常駐する方法と常駐しない方法があります。前者を通常「常駐監理」とよび、後者を「重点監理」とよんでいます[43]。

　では、こうした方法の違いにより工事監理受託者の注意義務に違いが生じるのでしょうか。工事監理は、工事が設計図書のとおり実施されているか否かを確認することです。工事監理受託者は、その業務遂

42　工事管理と工事監理の違いは、P.93の脚注を参照。
43　拙著・旧「建築家の法律学入門」彰国社では、当時「重点監理」という用語ではなく、「非常駐監理」という用語の方が一般的でしたが、「この方法が小規模工事においては常駐監理よりも多く用いられ、また常駐監理に比べてミスも生じやすいことに着目し、筆者はこうした監理形態にも積極的な意味をもたせるべく「重点監理」と呼びます。」としていましたが、今日ではもはや当たり前の用語になった感があります。

行方法として、工事監理者が工事現場に常駐した方が良いのかそれとも必要に応じて工事現場に行けば足りるのかについて、建築主との間で原則自由に決められます。契約によって決定された場合には、建築主との関係ではそれに従う義務があることは当然です。

しかし、第三者との関係では、前述したように、最高裁判決(平成19年7月6日第二小法廷、平成23年7月21日第一小法廷)で、工事監理者は、基本的な安全性が欠けることがないよう配慮すべき注意義務があるとされています。そして、工事監理者には、後述のように、安全性にいくつかのレベルがあるときは、最低限必要とされるレベルの安全性が欠けることのないよう配慮する注意義務があると考えられます。

したがって、建築主と工事監理受託者の間で工事監理の方法をいかに定めようとも(多く問題となるのは確認の程度を緩和する方向の場合です)、第三者との関係における工事監理者の不法行為上の注意義務には影響を与えないと考えられます。

ケース 15 建築主との関係での契約責任の判断においてその監理方法が常駐監理か重点監理かについて触れたケース

(福岡高判昭和61年10月1日・判例タイムズ638号183頁)

[事案の概要]

・建築主X(原告・被控訴人)は一級建築士Y(被告・控訴人)に対し設計及び工事監理を依頼し、報酬として金100万円を支払った。Yは本件工事現場に週1、2回の割合で赴き工事監理をしていたが、本件建物の棟上時に一審でともに被告となっているZ工事業者が、庇の持ち出し梁に本件設計(設計図書には軽量鉄骨を使用すべき旨の記載がある)と異なる重量鉄骨(H型鋼)を使用している(①)ことに気付き、Zの現場責任者に是

正するよう指示したが、これが受け入れられなかったためXに対しその旨を告げたところ、かえってXはZからの求めに応じてH型鋼の使用を承諾し、Yの右進言を聞き入れなかった。Zはその後も事前に設計監理者であるYの了解を得ずに樋のジョイント部分にエキスパンションジョイントを使用せず（②）、シングルの貼り付けの防水工事の際に、のり付けと釘打ちとを一部併用する（③）など設計図書に反する粗雑な施工をしたが、YはZの右②③の工事ミスを見逃した結果、いずれもその旨をXに報告せず、そして本建築工事の竣工検査に立ち会ったうえ右工事の引渡を容認した。そこでXはYに対し、設計・監理契約上の債務不履行（報告義務違反）を理由にYに損害賠償を請求したというのが本件事案である。

［裁判所の判断］

これに対し裁判所は、「…右②は、雨樋の接ぎ方として常識を無視した工法であり、③も防水工事としては常識外れの不完全な工法であって、しかも工事現場に常駐していない（傍点は筆者記入）控訴人側において、容易に発見することが困難な工事部分における瑕疵であることが認められること、本件工事の請負業者選定にあたり、控訴人Xは、見積価格や施工能力を充分吟味する機会のないまま、被控訴人Yにより予算等の関係から、Zが一方的に選定されたものであること、控訴人Xは右①の施工ミスを指摘して被控訴人Yに報告し、右工事の是正方を警告したにも拘らず、被控訴人Yにおいてこれを無視して設計図書に反する右工事を許諾し、そして、このことが本件雨漏りを生ぜしめた重要な原因をなすものと考えられること、②については、本件工事完成後、間もなく、控訴人Xが雨漏りの原因調査をした際にこれを発見し、Zに対して手直しを要求したが、同人は工事費が赤字であることを理由に拒んだこと、さきに述べた本件請負業者選定に至った経緯に、前記①の施工ミスにつき、被控訴人Yが控訴人Xの報告を無視したこと、及びその後も予算面を重視して手直し工事に消極的な被控訴人の態度をあわせ考えると、被控訴人Yは、仮に右②③の工事

ミスについて控訴人Xから報告を受けたとしても、右①の場合と同様に、これを無視する態度に出たであろうことが容易に推認されること、また、Zが犯した前示①ないし③の施工ミスの結果に伴なう不利益は、かかる粗雑な施工を行なった業者を選定した被控訴人Yの責任として、被控訴人Yにおいてこれを甘受すべきものであって、これを控訴人Xに転嫁することは衡平に反し妥当でないこと、以上の諸事情を総合勘案すると、本件事案のもとでは、控訴人Xにおいて右①の報告義務を尽くした以上、その後に生じたZの右②③程度の施工ミスについては、信義則上、これを報告しなかったことをもって、直ちに本件監理契約に基づく債務不履行を構成するとはいえない」とした。

▶ 〔解説〕

　本判決は、要するに設計・監理契約の内容として、建築士の建築主に対する報告義務を認めたうえで、Yが設計図書と異なる施工を看過し、その旨Xに報告しなかった事実を認めながら、諸事情を加味したうえでその程度の報告義務違反は信義則上契約違反とはいえないというものです。そしてこの結論を引き出すうえで、工事監理者たる建築士が工事現場に常駐していない（本判決で「工事監理者たる建築士が工事現場に常駐していないから」としていることからすると、工事監理契約の内容として重点監理をすることになっていたように思われます）ため、瑕疵を容易に発見できないという点を一つの理由にしています。

　そこで工事監理者が重点監理のもと注意義務に反しているか否かを検討すると、判決文からはいかなる施工か具体的にはっきりしませんが、②のエキスパンションジョイントの不使用並びに③の釘打ちを一部併用したことは、およそ建築施工技術的にみて常識外れの施工ではないかと推測しうるものの、こうした瑕疵（とくに③）を重点監理で工事中に発見することは必ずしも容易ではない場合もあり得ます。また、XはYからの報告を無視しただけでなく、全体的にみて専門家としてのYの存在を軽視していた

と評価しうるので、このような事情がある場合には、Ｙの専門家としての責任を問うことはできないと考えられます。もっとも、本事案は、あくまで建築主との関係における工事監理者の責任問題であって、第三者との関係では別であることは前に述べたとおりです。

7 不法行為における工事監理者の注意義務
1 最高裁の判例

工事監理者についても、設計者の場合と同様、最高裁判決（平成19年7月6日第二小法廷、平成23年7月21日第一小法廷）に注意する必要があります。すなわち、建物の建築にあたり、契約関係にない居住者等に対する関係で、設計者、施工者及び工事監理者が負う注意義務は、「建物に建物としての基本的な安全性が欠けることがないように配慮すべき注意義務」とされています。

この点、設計者、施工者及び工事監理者は、それぞれの役割等が違うため、具体的な注意義務の内容は、同一にはならないこと、その他の留意点については、すでにP66以下で述べたとおりです。

2 不法行為における注意義務の具体的内容
(1) 設計図書との関係

工事監理は、「工事が設計図書どおりに、実施されているかいないかを確認する」もの（建築士法2条7項）であり、それを建築主から依頼される訳ですから、工事監理受託者には、契約上、設計図書どおりに工事されているかいないかを合理的方法により確認する義務があることはいうまでもありません。

しかし、第三者との関係における不法行為責任においては、前記の最高裁判決からすると、工事監理者の不法行為における注意義務の対象は、設計図書に記載されている事項のすべてではなく、そのうち

「基本的な安全性」に関する事項に限られると思われます。

(2) 安全性のレベルとの関係

「基本的な安全性」に該当する場合であって、当該安全性にいくつかのレベルがあるとき、不法行為における工事監理者の注意義務についてどう考えるべきでしょうか。この点については、設計者と同様、第三者に対する不法行為責任の関係では、最低限必要とされるレベルの安全性が欠けることがないよう配慮する注意義務があると考えられます。

では、設計図書には最高レベルの安全性が記載されていたが、実際には、最低限のレベルの安全性の工事が実施されていた場合はどうでしょうか。

設計図書どおりの施工を確認していなかったとしても、第三者に対する不法行為責任の関係では、最低限のレベルの安全性が確保されている限り、注意義務違反はないと考えてもよいのではないでしょうか。設計図書の内容が、最高レベルの安全性だったとしても、第三者との関係でも最高レベルが保たれるよう配慮する義務まであるとは考えられないからです。

では、設計図書が最低限必要とされるレベルの安全性を確保できていないため、そのまま工事がなされた場合、はどうでしょうか。解析編・第1章・8・2(2)P70で述べたとおり、工事監理者には、設計図書を審査する義務はないため、設計図書どおりの工事を確認している場合には、原則として注意義務違反はないと考えられます。

| ケース 16 | 工事監理者の建築主に対する不法行為責任を認めた ケース |

（大阪地判昭和53年11月2日・判例時報934号81頁）

[事案の概要]

　工事監理者が基礎工事中一度も現場に行かなかったばかりか、基礎工事の際、施工業者から土地の軟弱さについて電話で報告を受け、指示を求められたにもかかわらず、電話でコンクリートのベースを倍にせよと指示しただけであったため、基礎工事の欠陥（布基礎下の割栗石の幅が設計図に反して布基礎よりも狭く、基礎自体と基礎上端の均しモルタルが水平を欠いている）を発見できず、また材料の検査は一応行ったものの、現場から特に要請されない限り現場へ出向かなかったため、手抜き工事（小屋組・軸組など木工事の主要な部分）を発見できなかった。そのため原告は、工事監理者に対し、工事監理者としての注意義務を怠ったとして不法行為に基づく損害賠償を請求した。

[裁判所の判断]

　裁判所は、工事監理者の注意義務として建築士法（現行）2条7項、同法（現行）18条1項を挙げ、この注意義務に反したとして工事監理者の不法行為責任を認めた。

▶〔解説〕

　たとえば工事監理者が重点監理の方法を選択したとしても（本裁判例では一度も現場に行かなかったというのであるから重点監理したともいえない事案ですが）、この裁判例の事案における業務遂行の程度では、注意義務に違反したと評価されでもやむを得ないかもしれません。仮に、工事監理者が何度か現場に行っていたとしたら、工事欠陥箇所・程度や現場へ

行った回数等により個別に判断されます。

　また、本裁判例では基礎工事の欠陥として、本件建物の布基礎下の割栗石の幅が設計図に反し、布基礎よりも狭く、基礎自体と基礎上端の均しモルタルが水平を欠いていると指摘しています（詳細は不明です）が、布基礎下の割栗石の幅が布基礎幅より狭いことが直ちに欠陥と評価されるのか、また基礎自体と基礎上端の均しモルタルが水平を欠いていることが直ちに欠陥といえるものか、程度問題ですが技術的に検討の余地がない訳ではありません。実際の施工に誤差はつきものだからです。

ケース17　監督員の第三者に対する不法行為責任を追及したケース
（長野地判昭和55年1月24日・判例タイムズ415号141頁）

[事案の概要]

　Xは、Y県との間で業務委託契約を締結し、Y県は、監督員を工事現場に派遣し、建設工事の中間検査及び竣工検査を行った。同契約上、建築・電気・衛生各1名の監督員が現場に常駐すべき標準時間は各監督員につき1週30時間とされていたが、監督員がガス風呂の煙突内の紙詰りを発見できなかったため、第三者がガス風呂入浴中、一酸化炭素中毒により死亡した。そこで、第三者の遺族らが、監督員を派遣したY県と施工者を相手に訴えを提起した。Y県との間においては、監督員の過失の有無などが問題になった。

[裁判所の判断]

　裁判所は、煙突内の紙詰りを発見することはさほど困難ではなかったとしつつも、「…監督員としては、一般第三者に対する関係において、請負人の工事施行が注文どおり行われないかもしれないあらゆる場合を予測し、それらのすべてについて逐一細部にわたり検査すべき注意義務を負う

ものとはいえず、特に第三者に対し危害を生ずる可能性の強い工事につき、請負人が注文と異なる工事をする蓋然性の高いと予測される事項について、これを管理し、検査する義務を負うに過ぎない」として、「本件ガス風呂の煙突工事自体は、通常第三者に対して危害を生ずる可能性の強い工事とはいえないのみならず、前示のとおり、ガス風呂の煙突工事に当りセメント紙袋を使用することは、通常行われない不適切な施工方法であるから、…（略）…右紙詰まりを発見しなかった点に重大な過失があったものとはいえない。」とした。

▶〔解説〕

　本事案における監督員の検査に関する過失の有無は、工事監理者の注意義務を考えるうえで大変参考になります。
　監督員は、本件ガス風呂の煙突工事の検査において、風呂釜の燃焼テストに立ち会えば、不完全燃焼を発見できる可能性があり、それを端緒に調査すれば紙詰りの発見できた可能性もあるため、監督員の過失が認められる可能性のある事案であったと思います。しかし、重過失まで認められないことは、判決のとおりだと思います。

ケース 18　工事監理者として名義を届け出た者に対する不法行為責任を認めたケース

（最判平成15年11月14日・判例時報1842号38頁）

[事案の概要]

　一級建築士又は二級建築士の工事監理が必要な建築物の建築確認申請において、設計監理会社Ｙ１の代表者Ｙ２（一級建築士）は、工事監理者欄に自己の氏名を記載し、かつＹ２が工事監理をすることを承諾する旨の記載及びＹ２の記名押印のある工事監理者選定届を添付した。
　しかし、建築主Ａとの間で工事監理契約は締結せず、工事監理は一切

行っていない。

　その後工事が完成したが、建築物は法が要求する構造耐力を有しないなど、重大な瑕疵のある建物となった。そこで、この建築物の買主Ｘは、Ｙ１に対し、不法行為に基づく損害賠償を請求した。

［裁判所の判断］

　「…建築物を建築し、又は購入しようとする者に対して建築基準関係規定に適合し、安全性等が確保された建築物を提供すること等のために、建築士には建築物の設計及び工事監理等の専門家としての特別の地位が与えられていることにかんがみると、建築士は、その業務を行うに当たり、新築等の建築物を購入しようとする者に対する関係において、建築士法及び法の上記各規定による規制の潜脱を容易にする行為等、その規制の実効性を失わせるような行為をしてはならない法的義務があるものというべきであり、建築士が故意又は過失によりこれに違反する行為をした場合には、その行為により損害を被った建築物の購入者に対し、不法行為に基づく賠償責任を負うものと解するのが相当である。」

　「…上告人の代表者であり、一級建築士であるＹ２は、…、建築確認申請書にＹ２が本件建物の建築工事について工事監理を行う旨の実体に沿わない記載をしたのであるから、Ｙ２には、自己が工事監理を行わないことが明確になった段階で、建築基準関係規定に違反した建築工事が行われないようにするため、本件建物の建築工事が着手されるまでに、Ａに工事監理者の変更の届出をさせる等の適切な措置を執るべき法的義務があるものというべきである。ところが、Ｙ２は、…、何らの適切な措置も執らずに放置し、これにより、Ａが上記各規定による規制を潜脱することを容易にし、規制の実効性を失わせたものであるから、Ｙ２の上記各行為は、上記法的義務に過失により違反した違法行為と解するのが相当である。そして、Ａから重大な瑕疵のある本件建物を購入したＸらは、Ｙ２の上記違法

行為により損害を被ったことが明らかである。したがって、上告人Y1は、被上告人ら（X）に対し、上記損害につき、不法行為に基づく賠償責任を負うというべきである。」

▶〔解説〕

　この判例は、工事監理者としての不法行為責任を直接認めたものではありません。この判例によれば、建築士には、建築物の購入者との関係で、建設業法や建築基準法の実効性を失わせるような行為をしてはならない法的義務があり、工事監理者として届け出た者は、自ら工事監理を行わないことが明確になった段階で、変更届を出させる等適切な措置をとるべき義務があるので、もし建築士がこうした措置をとらなければ、注意義務違反として不法行為責任が認められることになるというものです。

8　工事監理業務の責任期間

1　工事監理業務の契約責任の期間

　工事監理業務に関する契約責任の期間については、工事監理契約で定めた場合、原則として、それに従います。

　契約で責任期間を定めなかった場合、工事監理契約は準委任契約（民法656条）と考えられ、債務不履行による損害賠償請求権の消滅時効は業務完了後10年（民法166条、167条）又は5年（商法522条）と考えられます。

2　工事監理業務の不法行為責任の期間

　不法行為によって生じた債権の消滅時効は、損害及び加害者を知ったときから3年です（民法724条）。ただし、不法行為の時から20年以内に請求しなければなりません（民法724条）。

9　工事監理受託者の業務報酬支払請求権

　工事が途中で中止になった場合や報酬額の約束のない場合における工事監理受託者の業務報酬支払請求権については、工事監理契約が準委任契約であるため、設計契約の場合と同様に考えられますので、解析編・第1章・10 P79を参照してください。

プラスα編

第1章　紛争解決システム

1　様々な紛争解決手段

　紛争が生じた場合、国民が互いに話し合って解決できるならばそれで問題はないし、むしろそれが一番望ましいと思います。しかし、話し合いがつかない場合、国家としては、少なくとも法律上の争いに関して決着をつけなければ社会秩序は維持できません。そこで、こうした国民の権利・義務に関する争いを終局的に判断を下す国家機関として裁判所があります。これは憲法上保障されたシステムです。つまり、国民は話し合い（あくまで平穏な話し合いであって、強要等があってはならないことは当然です）で解決のつかない法的な問題は、終局的には裁判所に訴え出て解決を図ることになります。しかし、裁判には厳格な手続きがあり、かつ解決に時間も要するのが一般です。そこで裁判外の代替的紛争解決手続（ADR―Alternative Dispute Resolution）に関するADR法（裁判外紛争解決手続の利用の促進に関する法律）が定められ、平成19年から施行されています。

　なお、裁判所は、国民のあらゆる法律問題を解決する場所ですが、裁判官は、建築などの専門的知識を有しているわけではありません。建築に関する訴訟など専門的知見を要する問題については、専門家の助力が必要になります。

　そこで、東京地裁と大阪地裁では、建築事件を集中的に取り扱う部を設けるとともに、専門委員[44]を利用するなどして、建築事件の適切な解決を図っています。

　裁判については、とかく法律の専門家に任せておけば良いと思われがちですが、トラブルを防止するためには、最終的な解決ルール、す

なわち裁判上のルールをよく知っておく必要があります。最終的にどのような方法により解決されるかを知ることで、事前に十分な対策をとることが可能になるからです。

2 裁判システム

裁判は、国民同士の権利・義務に関する判断と犯罪者の処罰に関する判断に大別され、その手続きはそれぞれ民事訴訟法と刑事訴訟法によって規律されています。また、建築基準法や都市計画法などの行政庁の処分の適法性に関する紛争については、行政事件訴訟法が定められていますが、本書では、建築設計や工事監理に関する国民同士の権利義務関係を中心に考えているので、裁判システムについても「民事訴訟」について、説明を加えることにします。

1　事実のとらえ方

一般の人がまず誤解していることは、民事訴訟において「真実」を発見するのは、裁判所の責任と考えていることです。民事訴訟は、「相対的真実」の発見といわれるように、原則として当事者双方が主張する枠内でしか裁判所は判断できません。これを「弁論主義」といいます。つまり、裁判所は、原則として、当事者双方（訴える方が「原告」、訴えられる方が「被告」とよばれます）が訴訟上主張した事項に拘束されます。したがって、裁判官が内心、こういう主張をすれば勝てるのに、と思っても当事者（ほとんどは代理人としての弁護士）が主張していない限り、裁判所は当事者の主張から導き出される

44　専門委員制度とは、平成16年4月に、施行された改正民事訴訟法において、新たに導入された制度で、訴訟関係を明瞭にしたり、訴訟手続の円滑な進行を図ったりするなどの目的で、裁判所が必要と認めるときは、専門委員に訴訟手続に関与してもらい、専門的な知見に基づく説明を聴く制度です（最高裁HPより）。

結論を変えることはできません。このように裁判所は、当事者が主張した範囲内で、どちらが本当らしいとの心証を形成し、結論を出すことになります。

2　立　証

また、たとえ必要な事実を主張したとしても、その事実が真実であると裁判官に思わせるに十分、つまり立証（証明）できなければ、その事実が存在したことを認めてもらえません。訴訟の中において立証は重要な問題です。

立証する責任（立証責任、つまり立証できなかった場合の不利益を被ること）が誰にあるかということは極めて重要な事項ですが、この点は専門的な知識が必要ですので、法律の専門家でない方々にはなかなか理解しにくいと思います。したがって、本書でも詳しい解説は控えますが、いくら自分が正しいと思っていて、たとえそれが真実だったとしても、立証できなければ国家に認めてもらえないという点は十分注意する必要があります。

このように、「立証」は訴訟において最も重要な課題であるにもかかわらず一般の人にとって一番わかりにくいということが、一般の人の法律問題の解決への理解を妨げているといえるかもしれません。

3　証拠の整備

証拠、それもとくに文書類（文書による証拠を「書証」といいます）はとりわけ重要です。言った言わないではなく、客観的に形として存在するからです。以下に、建築設計、工事監理及び施工に関する裁判において重要と思われる文書類について簡単に説明します。

① 契約書

契約書の中でできる限り具体的な取り決めをしておけば、後日重要

な証拠として提出できるばかりか、そもそも訴訟になる以前に解決してしまうことも多いと思います。

もっとも、契約書に基本的な事柄（たとえば報酬額）だけを記載し、その他は口約束だった場合、報酬額についてはともかく、その他の事項については、訴訟になって結局は言った言わないの争いにしかならず、自分の主張が必ずしも通るとは限りません。

したがって、契約書には、できる限り具体的な取り決めを記載すべきですが、契約ごとに当事者同士で決めることは大変難しい作業です。そこで、四会連合協定の建築設計・監理等業務委託契約約款[45]などの利用が考えられます。

② 設計図書

設計図書は、設計受託者からすると、設計業務の成果そのものです。また、建築主と施工者からすれば、建築工事の請負契約における工事の対象物の内容を具体的に示すもので、まさしく工事請負契約の内容そのものです。工事監理受託者からしても、設計図書どおりに工事されているかいないかを確認する業務を受託している以上、設計図書は、工事監理の基準そのものです。

したがって、設計図書は、建築生産において、最も重要な書類といえます。

③ 施工図

工事は、設計図書と施工図に従って実施されています。したがって、施工図も紛争解決の決め手となりうる以上、おろそかにするわけにはいきません。

---

45 四会連合協定の建築設計・監理等業務委託契約約款については、P.22の脚注を参照。

④　打合せ記録

　打合せ記録は、設計変更や工事中の納まり不良箇所の修正、またそれに伴う金額増減の取扱いなど現場を進めていくうえで細かな打合せを記録したものですが、この打合せ記録が訴訟の勝敗を決するほどの重要な意味を有する場合があります。したがって、打合せ出席者、打合せ日時、打合せ場所、打合せ内容を正確に記録すべきです。

⑤　**工事写真・ビデオ・検査記録**

　写真や検査記録等は、工事や工事監理業務の正当性を裏付ける観点から重要です。とくに建物が完成してからでは外から見えにくい部分については、できるだけ写真を撮っておくとよいと思います。

③　調　停

　裁判所によって行われる調停は、裁判所で行われる点で訴訟と混同されがちですが、調停と訴訟は根本的に異なります。当事者間の主張が互いに対立したままの場合、訴訟では裁判所がどちらかの主張に分があるとして結論を出し、当事者はその結論に拘束されますが、調停では、当事者が互いに納得した場合に限り拘束されます（仮に調停案が出されたとしても、各当事者はそれに従う義務はありません）。したがって、調停において自分がどうしても納得できなければ無理に従うことはなく、また、そうすることによって何ら不利益は被りません。こうしたケースを調停が「不調」になるといいます。

　しかし、調停が不調になった場合、トラブルは未だ解決されない状態のままであるため、国家の力をもって解決するためには最終的には訴訟するしかありません。

　訴訟になった場合、前述のように主張・立証の問題が立ちはだかるので、たとえ自分の主張の方が真実だとしても勝ち目があるかどうかが重大な関心事とならざるを得ません。ところがこの勝ち目は、法律

の専門家をもってしても完全に見通すことはできません。証拠全体を判断するのはあくまで一人又は複数の裁判官、つまり人間が判断する以上、人によりまちまちの結論がでることは防ぎようがないからです。したがって、訴訟の勝ち負けは、あくまで予想、それも相当大まかな予想でしかありません。もっとも、大まかではあっても、訴訟になった場合の費用や勝ち目を念頭におきつつ、長い年月・費用をかけて訴訟をするより、今、多少損をしてもある程度譲歩して妥協をする方が有利と判断した場合には、多少納得がいかなくとも話し合いや調停で解決を図ることも一つの方法です。

　紛争解決手段として、調停を選ぼうが訴訟を選ぼうが自由です。また調停の後に訴訟することは許されますが、裁判の後に調停することは、通常ありません。裁判によって結論が出されてしまっているからです。

　なお、建築事件については、専門的知見を必要とするため、建築の専門家が調停委員として尽力しています。

④ 仲 裁

　裁判や調停のほかに、紛争解決システムとして「仲裁」があります。仲裁は、紛争当事者の合意（仲裁契約）によって仲裁人とよばれる第三者を選び、その仲裁人の判断によって紛争の解決を図るものです。仲裁人の判断は、訴訟における判決が確定した場合と同じ効力があります。この点、自分が納得できなければ従う必要のない調停とは基本的に異なり、むしろ訴訟に近いといえます。もっとも訴訟は、誰でも何の合意も要せずに利用できますし、判決に不服があれば上級裁判所に2回まで申し立てできる制度（三審制）が採用されていますが、仲裁は、当事者間で仲裁人の判断に服するという合意がなければ利用できませんし、判断に不服があってもどこにも申し立てできない

点に注意が必要です。

　建設工事における紛争などは、かなり技術的な点でもめることも多く、建築にあまり精通していない裁判官だけでなく、建築に精通した第三者を入れ、また紛争をより適切かつ迅速に処理することが望ましいことはいうまでもありません。そこで、建設業法は、次に説明する建設工事紛争審査会（建設業法25条）を設けて、これに仲裁機能も与えています。

⑤　建設工事紛争審査会

　建設工事の請負契約に関する紛争に関しては、裁判所で行う訴訟・調停のほかに「建設工事紛争審査会」や「住宅紛争審査会」など裁判外の紛争解決機関（ADR）があります。ここでは、建設工事紛争審査会について説明します。

　建設工事紛争審査会は、裁判所とはまったく異なり、建設業法25条によって設置された建設工事の請負契約に関する紛争の処理機関で、調停委員3人（多くの場合、建築の専門家と弁護士により構成されます）によるあっせん、調停という選択肢が用意されています。

　民間（旧四会）連合協定工事請負契約約款にも、建設工事の請負契約に関する紛争は、建設工事紛争審査会のあっせんや調停に付することができる旨の条項が入っています。

　建設工事紛争審査会は、あっせんや調停のほか、両当事者の合意があれば仲裁も行います。

　なお、建設工事紛争審査会には、都道府県知事の許可を受けた建設業者とのトラブルを対象とする各都道府県建設工事紛争審査会と、国土交通省大臣の許可を受けた建設業者とのトラブルを対象とする中央建設工事紛争審査会があります。

　もっとも、建設工事紛争審査会が取扱うのは、建設工事請負契約に

関する紛争解決のみです（建設業法25条）。この点、最近の建築設計や工事監理に関する紛争の多さ、重要性からして、建築設計や工事監理の紛争解決を扱う機関の設置が望まれるところです。

第2章　工事請負契約の概要

　設計者や工事監理者が業務を遂行するためには、建築主が施工者と締結している請負契約に対する理解が必要不可欠です。建築主と施工者の間で締結される工事請負契約約款の条項中、工事監理者としての役割が明記されているものがかなりあるばかりか、設計者や工事監理者の責任は、施工者の責任と密接に関連するからです。ここでは工事請負契約のうち、設計者及び工事監理者にとって必要と思われるポイントを絞って説明します。

1　請負契約の意義

　請負契約とは、「当事者の一方（請負人）がある仕事を完成することを約し、相手方（発注者）がその仕事の結果に対して報酬を与えることを約する」契約（民法632条）、「他人の労務を利用」する契約の一種です。

　「他人の労務を利用」する契約としては、請負契約の他に雇用契約、委任契約及び寄託契約があります。雇用契約は労務そのものを、委任契約は一定の事務を処理するための統一的な労務の提供を、寄託契約は他人の物を保管するという限られた労務をそれぞれ目的とするのに対し、請負契約は労務の提供を手段として一定の仕事を完成させることを目的としています。つまり、請負は建物や船などの建造工事、土木工事、自動車・家具・時計等の修理、洋服・靴・機械等の注文製作、宝石・貴金属の注文加工、講演、演奏、訴訟事件の処理（病気の治療や訴訟事件の処理等は一般的には委任と考えられますが、病気を治すこと自体や訴訟に勝つことだけを目的とする場合には請負で

す）等いずれも仕事を完成することに重点がおかれていて、労務の提供はその手段にすぎません。

このように請負契約は仕事の完成を目的とする点で他の契約と区別され、その典型例は、建設工事の契約といわれています。すなわち、工事契約は、施工者が仕事（工事）を完成することを約し、建築主が仕事（工事）の結果に対して報酬（請負代金）を支払うことを約する契約です。

2 請負契約と建設業法

1 請負契約の成立と建設業法

民法上、請負契約は、当事者の意思表示が合致したときに成立し、とくに書面の作成は必要ありません。すなわち、請負契約は、仕事を完成することと、仕事の結果に対して報酬を支払うことの合意があれば足ります。

これに対し、建設業法19条や下請代金支払遅延等防止法3条は、一定の事項[46]につき書面の作成等を要求しています。しかし、これらは将来の紛争を予防する趣旨であって、請負契約の成立要件としたものではないというのが一般の理解です。

なお、工事請負契約を締結したにもかかわらず、契約書を作成しない場合、建設業者である施工者は建設業法19条違反となり、監督処分がなされる可能性がありますので、注意が必要です。

2 契約約款と建設業法

契約約款は、あらかじめ条項が用意されていますが、建設業法は、請負契約の片務性の是正と契約関係の明確化、適正化のため、中央建

---

46 建設業法19条は、一定の事項について書面化することとされています。この一定の事項については、巻末の資料を参照してください。

設業審議会が約款を勧告することができるとしています[47]（建設業法25条）。中央建設業審議会の勧告に基づいて作成され、最も普及していると考えられるものが、民間（旧四会）連合協定工事請負契約約款です[48]。

なお、こうした約款を利用するしないは、あくまで当事者の自由であることはすでに述べたとおりです。

3　建設業法の主な規制

建設業法上、契約書の作成が義務づけられているほか、主だった規制は以下のとおりです。

① 建設業者には、原則として許可が必要です（建設業法3条）。
② 建築主と元請建設会社間の請負契約だけでなく、元請と1次下請の間、1次下請と2次下請の間などすべての建設工事請負契約が建設業法による規制を受けます。
③ 元請建設会社は、工事を一括して下請会社に請け負わせることが原則禁止されています（建設業法22条）。
④ 請け負った工事には、規模などに応じて主任技術者や監理技術者の配置が必要とされます（建設業法26条）。

---

[47] 中央建設業審議会が当事者に採用を勧告している約款は、公共工事用として公共工事標準請負契約約款、民間工事用として民間建設工事標準請負契約約款、下請工事用として建設工事標準下請契約約款ですが、平成22年に大幅に改訂されました。
[48] 7団体（（一社）日本建築学会、（社）日本建築家協会、（社）日本建築協会、（一社）全国建設業協会、（社）日本建築士事務所協会連合会、（公社）日本建築士会連合会、（社）日本建設業連合会（旧（社）建築業協会））で構成される民間（旧四会）連合協定工事請負契約約款委員会で作成した約款です。

3 請負人の責任

1 下請負の利用

　請負は仕事の完成を目的とし、労務の提供そのものはあくまで仕事の完成の手段にすぎませんから、仕事の性質上又は特約により請負人自身が労務を提供しなければならない場合を除き、請負人は第三者に請け負わせることもできます（下請負）。

　下請負の契約は、建築主と元請建設会社との間の請負契約（ここでは「元請契約」とよびます）と別個独立の契約ですから、元請契約あるいは下請契約の一方がたとえ無効であっても、原則として他方の契約には影響を与えません。

2 仕事完成義務・目的物引渡し義務

　請負人は、契約に定められた仕事を完成する義務を負います。

　また、請負人は、完成した建築物を注文者に引き渡す義務があります。

3 建築物の所有権の帰属先

　完成した建築物の所有権は請負人と注文者のどちらに帰属するかという点につき、誰が材料を供給したかを基準に、注文者が材料の全部又は主要部分を供給した場合には、特約ない限り原始的に注文者に、請負人が全部又は主要部分を供給した場合には、特約ない限り請負人にそれぞれ所有権が帰属するという考え方があります。

　一方、建築請負契約においては取引の実情、当事者の意思等から材料の供給態様にかかわらず、注文者が「原始的」に所有権を取得すると考える考え方もあります。

4 危険負担

建築物が工事の完成「前」に、天災などの不可抗力により、つまり、注文者にも請負者にも帰責事由なく滅失・毀損した場合、建築物を完成することが可能であるなら、請負人は引き続いて仕事の完成義務を負うとする考え方があります。

しかし、何の帰責事由もないのに、請負人が再度完成する義務を負うというのも、必ずしも公平とは言い難い面があります。

この点、民間（旧四会）連合協定工事請負契約約款では、「発注者、受注者及び監理者が協議して重大なものと認め、かつ受注者が善良な管理者としての注意をしたと認められるものは、発注者が損害を負担する。」（同約款21条）としています。

5 請負人の瑕疵担保責任

(1) あらまし

請負人は、完成した建物に瑕疵がある場合、注文者に対し、一定の責任を負わなければなりません（民法634条以下）。民法は、行為者に過失あるときだけ責任を負うという過失責任を大原則にしていますが、請負人の責任は、たとえ瑕疵が生じたことについて請負人に過失がなくても責任を負う、という「無過失責任」と考えられています。

(2) 瑕疵とは

建築工事請負契約における「瑕疵」とは、おおむね、「建築物が契約内容に違反すること」、又は「建築物として通常有すべき性質・状態に欠けること」をいうと考えられます[49]。

---

[49] 請負人の瑕疵担保責任について、詳しくは、拙著「建築工事の瑕疵責任入門・新版」P.73、P.85以下 大成出版社を参照してください。

(3) 瑕疵の判断基準

　瑕疵か否かの判断基準は、まず、当事者間の契約内容という点から、設計図書が最も重要です。

　また、建築物として通常有すべき性状という点からは、日本建築学会の基準・規準が参考になります。

(4) 責任の内容

　仕事の目的物に瑕疵がある場合、原則として、注文者は請負人に対して瑕疵の修補（修理）を請求することができますが、その瑕疵が重要でない場合で、その修補に過分の費用がかかるときは請求できません（民法634条1項）。この場合、注文者は損害賠償を請求するしかありません。また、注文者は、修補に代え、あるいは修補とともに損害賠償を請求できます（民法634条2項）。

　なお、損害賠償請求について、最高裁判決（平成14年9月24日第三小法廷）は、「建築請負の仕事の目的物である建物に重大な瑕疵があるためにこれを建て替えざるを得ない場合には、注文者は、請負人に対し、建物の建て替えに要する費用相当額を損害としてその賠償を要求することができるというべきである。」として、建て替えに要する費用相当額の損害賠償を認めています。

　請負契約では、目的物の瑕疵のために契約の目的を達成することができない場合、注文者は契約の解除ができるとされていますが（民法635条本文）、建物等の土地の工作物については、契約を解除することはできないと定められています（民法635条ただし書）。一般には、解除を認めると、請負人は土地からその工作物を取り払わねばなりませんが、それでは請負人にとって酷であるばかりか、社会経済上の損失も大きいからであるとされているようです[50]。

　建築物に瑕疵があっても、請負人が担保責任を負わないケースがあります。建築物の瑕疵が、注文者の供した材料の性質又は注文者の与

えた指図によって生じた場合です。しかし、そのような場合であっても、請負人が材料又は指図が不適当であることを知りながら、その旨を注文者に告げなかった場合は、請負人は担保責任を免れません（民法636条）。

では、建築物に瑕疵があり、その原因が設計図書の内容の不適当さにあるとき、請負人の瑕疵担保責任はどうなるのでしょうか。

設計と施工が別人の場合、「注文者の与えた指図」（民法636条本文）には、設計図書が含まれると考えられます。工事請負契約上、施工者には、注文者から交付された設計図書どおり工事を実施する義務があるからです。また、請負人には設計図書の内容を審査する義務はないと解されるからです[51]。

したがって、施工者は、原則として瑕疵担保責任を負いません。ただし、施工者は、設計図書の内容が不適当であることを知りつつ、そのことを注文者に告げずに工事を実施した場合、瑕疵担保責任を負うことになります。

この場合、設計者の責任は消滅せず、施工者の責任と不真正連帯債務の関係に立つと考えられます。

このような担保責任の存続期間は、土地の工作物については、木造なら引渡し時から5年、鉄筋コンクリート造（RC造）・鉄骨造（S

---

50 建物等は瑕疵を理由には契約解除できないという民法635条は、一般的には強行規定（つまり、当事者の意思に関係なく強制される規定）と考えられていますが、それでは構造上の重大欠陥等建て直す以外に手がないような場合にも契約解除ができないことになって極めて不合理です。それゆえ旧「建築家の法律学入門」では、この規定を強行規定でない（つまり、任意規定）と考えたうえで、契約の解除を認めるべきとしていましたが、本文でも触れた平成14年9月24日の最高裁第三小法廷判決は、建て替えに要する費用相当額の損害賠償を認めたため、両説の実質的な差はほとんどないといってよいと思います。
51 審査義務がない理由については、拙著「建築工事の瑕疵責任入門新版」P.77、97 大成出版社を参照してください。

造)・鉄骨鉄筋コンクリート造（SRC造）なら引渡し時から10年、地盤については引渡し時から5年です（民法638条）。

　もっとも、「住宅の品質確保の促進等に関する法律」（住宅品確法）によれば、新築住宅の工事請負契約の場合、構造耐力上主要な部分（構造耐力に影響のないものを除く）又は雨水の浸入を防止する部分（雨水の侵入に影響のないものを除く）の瑕疵については、一律10年間の瑕疵担保責任を負うことになっています（品確法94条1項）。この規定は、強行規定であり、当事者がこれと異なる合意をしても無効です（品確法94条2項）。

　なお、民間（旧四会）連合協定工事請負契約約款では、新築住宅については、上記住宅品確法のとおりとし、その他については、木造は1年、RC造等は2年、ただし、故意又は重過失があるときは10年とされています（約款27条、27条の2）。

6　施工者の不法行為責任

　施工者が第三者に対して負う不法行為責任については、設計者や工事監理者と同様、最高裁判決（平成19年7月6日第二小法廷及び平成23年7月21日第一小法廷）が重要です。すなわち、施工者は、契約関係にない居住者等に対する関係でも、当該建物に建物としての基本的な安全性が欠けることがないように配慮すべき注意義務を負うと解されています（詳しくは、P66以下を参照してください）。

　また、安全性のレベルがいくつかある場合において、施工者が設計図書どおり施工しなかった場合でも、最低限必要とされるレベルを確保できている場合には、設計者や工事監理者の場合と同様に不法行為責任は負わないと考えられます（詳しくはP110を参照してください）。

4 注文者の報酬支払義務

1 報酬の支払時期

　注文者は、請負人に対し報酬（請負代金）を支払わなければなりません（民法632条）。報酬と仕事の完成は対価関係にありますが、報酬支払は原則として後払であり、仕事の目的物の引渡しを必要とする場合は引渡しと同時に、引渡しを必要としない場合は仕事完成時に報酬を支払うことになっています（民法633条）。しかし、この規定は任意規定（つまり当事者の意思がはっきりしない場合の補充規定）ですから特約があればそれに従うことは当然です。

　仕事の目的物の引渡しを要する場合、報酬支払債務と同時履行の関係（つまり、相手方が債務を提供するまで自分の債務を履行しないといえる関係）に立つのは仕事の目的物の引渡しであり、仕事の完成義務は先履行（つまり、先に履行をしなければならない）義務ですが、仕事に着手する前に一定額を支払う旨の特約があれば相手が支払うまで仕事の着手を拒むことができます。

2 報酬額

　報酬額は、請負契約で定めることが基本です。

　報酬額の定めがないまま工事を完了した場合、当事者は、「時価相当額」の報酬額をもって請負金額としたものと考えられます。

5　請負契約の終了

　請負契約は、請負人が仕事を完成し、瑕疵のない目的物を注文者に引渡し、注文者が工事代金（報酬）を全額支払うなど、契約において定めた互いの義務を全て履行すれば終了します。

　また注文者は、仕事が未完成のうちは、いつでも損害を賠償して契約を解除できます（民法641条）。もはや仕事の完成を必要としない場合にまで仕事を継続させることは、注文者にとっても社会経済上も不要だからです。損害の範囲は、請負人がすでに支出した費用及び仕事が完成すれば得られたであろう利益です。

　請負工事が可分である場合、すでに完成した部分については解除できないと考えられます。

　さらに、契約であらかじめ定めた事由が生じた場合も、契約解除できます。

第3章　責任施工の法的解析

　設計・工事監理に関連する問題点として、責任施工があります。ここでは法的に極めて難解なこの問題について説明します。

1　責任施工の概要

　一般に、責任施工とは、計画建物の設計の一部又は計画建物の工事の一部について、設計者や工事監理者は関与せず、施工者が全責任をもって施工することを意味すると理解されているようです。こうした責任施工の趣旨は、建築工事のうち特に高度な専門技術やノウハウを要する部分について、設計者や工事監理者より当該工事の専門業者の能力に委ねたほうがより適切な施工が期待される場合に、その専門業者に工事を一切任せるかわりに、万一何らかの不具合が生じた場合には全責任を負ってもらうというものです。

　通常、責任施工とよばれているものの中には、発注者側（ここでは発注者と設計者と工事監理者を一つのグループと考えます。）で設計仕様[52]を省略して施工者に一切を任せるものと、設計仕様はあるものの工事監理者が工事監理を行わず、仕様どおりの工事の実施を施工者に任せるものがあります。

52　仕様とは「製作や注文にあたって、あらかじめ定める仕上り品の構造やデザイン」をいいます。（「広辞苑」第6版 P.1363　岩波書店）
　また、仕様を記載したものを仕様書（specification）といいますが、これは「工事に対する設計者の指示のうち、図面では表すことができない点を文章や数値などで表現するもので、品質、成分、性能、精度、製造や施工の方法、部品や材料のメーカー、施工業者などを指定するもの。」をいいます。（「建築大辞典」第2版 P.792　彰国社）

しかし、設計仕様を省略して施工者に一切を任せるといっても、計画建物のすべての工事について仕様を省略することが許されないことは当然です。もし許されると、設計者は実質的に設計を全部放棄していると考えられ、そうなると、そもそも設計者の資格制度（建築士制度）を定めた意味がなくなります。また、建築工事のうち、特に高度な専門技術やノウハウを要する部分について、専門業者の能力に委ねた方がより適切な施工が期待できるという責任施工の趣旨自体にも反します。

　同様に、工事監理を計画建物のすべての工事に対して行わず施工者に一切を任せるということも許されません。それでは工事監理者は実質的に工事監理を放棄していると考えられ、そもそも工事監理者の資格制度（建築士制度）を定めた意味がなくなります。また、設計の場合と同様、責任施工の趣旨に反します。

② 責任施工と建築士法・建築基準法
1 責任施工の合意の外形

　一般にいわれるところの責任施工を「合意」という観点から見ると、外形上、以下のように見えます。

　設計仕様を省略するケースにおいては、建築主と設計者との間では、設計契約に関連して設計の一部を放棄し、建築主と施工者との間では、工事の請負契約に関連して設計の一部を施工者に行わせ（この点では、施工者との間の部分的な設計契約とも考えられます）、かつ当該工事の結果に対し、施工者に全面的責任を負わせる合意です。

　また、工事監理を省略するケースでは、建築主と工事監理者との間では、工事監理の一部を放棄し、建築主と施工者との間では、工事監理のない状態で、当該工事の結果に対し、施工者に全面的に責任を負わせる形の合意です。

2　建築士法・建築基準法との関係

　こうした責任施工の合意の外形からすると、建築士法や建築基準法との関係が問題になります。すなわち、建築士法3条～3条の3では、一定規模以上の建物を設計・工事監理する場合には、建築士でなければならないと定め、これを受けて、建築主は、建築士による設計や工事監理を義務づけられています（建築基準法5条の4）が、建物の設計・工事監理を行うものが建築士でなければならないとされるのは、設計・工事監理業務の適正をはかり、もって建築物の質の向上に寄与させるため（建築士法1条）であり、また建築士が関与しないで工事することができないとされているのは、国民の生命、身体及び財産の保護を図るため（建築基準法1条）です。したがって、建築士の関与がまったくない状態での工事は、建築士法や建築基準法の趣旨が損なわれるため、設計者や工事監理者が設計・工事監理の一部でも放棄することは許されないと考えるべきです。一方、そもそも責任施工とすること自体、より適切な工事を確保するためゆえ[53]、責任施工の範囲・程度に一定の限度はあるものの、責任施工というだけで直ちに建築士法、建築基準法それぞれに違反すると考えることは必ずしも妥当とはいえないと考えられます。

　そこで、責任施工における設計者と工事監理者の注意義務について、3で私見を述べます。

53　ここでの問題は、国民の抽象的安全を守ろうとする建築士法、建築基準法と、個々具体的な場面における品質確保の具体的方法の一つとしての責任施工が相対立する場面ともいえます。また、責任施工自体、建築士の能力不足を露呈するものといえなくもありませんが、建築分野において意匠、構造、設備などに専門分化され、かつ高度化している現状を考えたとき、一建築士にスーパーマン的働きを期待することには無理があると思います。

③ 責任施工における設計者・工事監理者の注意義務
1 契約上の注意義務

そもそも設計や工事監理は建築士という一定の技術的能力を有する者しか行えません（建築士法3条〜3条の3）。また、建築主は建築的に素人であるため、責任施工の適否については設計者や工事監理者の判断に委ねざるを得ません。こうしたことからすると、建築主と設計者又は工事監理者との間の責任施工に関する合意は、設計者や工事監理者に課せられている注意義務をすべて免除するという趣旨ではなく、軽減する趣旨のものと考えるべきだと思います。ただ、どの程度軽減されるかは、ケースバイケースの判断にならざるを得ません。

2 不法行為上の注意義務

では、責任施工の合意は、第三者等に対する不法行為の関係での注意義務に影響があるでしょうか。

建築士法及び建築基準法で建築士の資格を要求しているのは、両法相まって広く国民一般の安全を確保しようとする公益性からです。つまり、建築行為は建築主のみならず、国民への影響が大きいがゆえに建築士に設計や工事監理をさせているのです。そして、責任施工の場合、確かに専門工事業者等のノウハウ等が中核にはなりますが、建築士としての能力をもってすれば、要点の理解はできるはずです。

また、前述のとおり、最高裁判決（平成19年7月6日第二小法廷、平成23年7月21日第一小法廷）によれば、設計者や工事監理者は、建物としての基本的な安全性が欠けることがないように配慮すべき注意義務を負っていますし、私見によれば、安全性にレベルがある場合には、第三者との関係では、最低限必要なレベルに対する注意義務で足りると解されます。

以上の点からして、設計者や工事監理者は、たとえ責任施工の合意がなされたとしても、第三者との関係において必要とされる注意義務が軽減されることはないと考えられます。

参 考 編
―民法の基本的事項―

　ここでは、民法の基本的な事項について説明しますので、読者は、必要に応じて参考にしてください。

1 権利・義務の帰属先について

1 自然人と法人

　権利・義務の関係は、必ず誰が権利や義務の帰属先となっているかを考える必要があります（このような権利の帰属先を法律上「権利主体」とよびます）。民法上、権利は「人」が有します。人とは人間である「自然人」だけでなく、法律上は、自然人のほかに「法人」を予定しています。法人とは人の集団（社団）又は財産（財団）について、権利の帰属先として法律上とくに認められたものをいいます。つまり権利主体としては、自然人と法人の2種類があります。

　なお、法人の活動は、代表者によって行われます。たとえばA建築設計株式会社が設計・監理契約を締結する場合、契約の当事者は「A建築設計株式会社」ですが、契約書には、「A建築設計株式会社」ではなく、「A建築設計株式会社代表取締役B」と記載しなければなりません。

2 権利能力の始期と終期

　権利主体は永遠に存在する訳ではなく、始期と終期があります。自然人が権利主体となれるのは、出生に始まり（民法3条1項）、死亡で終わります（民法882条）。法人は、法律上定められた手続きが完了した時に始まり、終わりについても定められた要件があります（一般社団法人及び一般財団法人に関する法律10条以下、202条など）。このような権利主体となれる法律上の地位や資格を「権利能力」とよんでいます。

　また死亡前に自然人が有していた権利や義務は「相続」によって処理されます。法人には相続はありませんが、「合併」などがあります。

2 権利の内容

1 物権と債権

　経済的取引の対象を目的とする権利（これを「財産権」といいます）のうち、「物権」と「債権」についてごくごく簡単に説明しておきます。物権とは、物を直接的・排他的に支配する権利をいいます。所有権がその典型です。債権とは、特定の人が特定の人に対し、ある一定の行為を請求する権利をいいます。損害賠償請求権などです。

　物権が対象としているのは「物」であるのに対し、債権が対象としているのは「人」です。物は直接的（他人の手をわずらわすことなく）、排他的（独占的）に「支配」しても別段問題はありませんが、人を支配することは許されません。したがって、人に対する権利である債権は、あくまで特定の人にある行為を請求できるだけです。

　しかし、物権は、前述のように直接的・排他的に支配できる以上、そうした支配をすべての人に対して主張できます。

2 「物権は債権に優越する」の意味

　物権は、債権よりも優越的な効力があるとされています。たとえば、Aが所有する自転車をBに貸したままの状態で、Aがその自転車をCに売却したとします。このとき自転車の「所有権」（物を自由に使用・収益・処分できる権利）は、AからCに移転しているため、Cは自転車を自由に使用・収益・処分できることになり、それゆえCはBに対して、その自転車はCのものだから返せと請求できます（対抗要件という問題がありますが、ここでは省略します）。これに対してBは、自転車を借りる権利があると主張したいところですが、そう主張できるのはAに対してだけであってCには主張できません。借りる権利というのは、Aに対して使わせろという請求権、つまり債権にすぎないからです。

3　権利・義務の発生、消滅とその原因について

1　権利・義務の発生、消滅の原因

　権利（物権、債権など）や義務が発生したり消滅したりする（これを「法律効果」とよびます）ためには、必ず法律上の原因がなければなりません。この法律上の原因は「法律要件」とよばれますが、法律関係を考えるうえで、最も重要なものが、この法律要件です。法律要件なしに法律効果が発生することはないからです。

　民法上、法律要件は二つに大別されています。一つは「法律行為」、もう一つは「法律行為以外」です。

　法律行為とは、意思表示を要素とする法律要件であり、その中で重要なものは「契約」と「単独行為」です。単独行為はある人のなした意思表示だけで法律効果が発生します。たとえば、遺言は、死ぬ前に自分の死後のことについて自分の意思を前もって表明する行為ですが、相手の了解など関係なく、死亡という事実が発生すれば直ちに法律効果が発生します。後で述べる契約解除や取消しも単独行為です。一方、契約は、ある人の意思と相手方の意思が合致してはじめて法律効果が生じるものです。

　これに対し、法律行為などなくても、つまり誰も意思表示などしなくても、ある一定の要件にあてはまる事実さえ生じれば法律効果が発生するものがあります。これが、法律行為以外の法律要件です。このうちで重要なものとして、不法行為（民法709条以下）、不当利得（民法703条以下）、時効（民法144条以下）などがあります。

2　意思表示の構造と効力

(1)　意思表示の構造

　ここでは、法律行為の要素となっている意思表示の構造について考えてみます。たとえばＡがＢ所有の建物を代金１億円で買おうとし

て、Ｂの建物を１億円で買いたいと申し入れたとします。売買契約は「申込み」という意思表示と「承諾」という意思表示によって成立しますが、申入れは「申込み」にあたります。したがって、Ｂが了解すれば、すなわち「承諾」すれば売買契約が成立します。

ところで、「申込み」も「承諾」も意思表示です。この意思表示を分析してみると、Ａは「Ｂの建物を１億円で買いたい」と心の中で思い、そのとおりに「Ｂの建物を１億円で買いたい」とＢに表示している。この心の中で思ったことを講学上「効果意思」といい、Ｂに申し込んだ行為（口で言うか、手紙で出すかなどその表現手段は問わない）を「表示行為」といいます。したがって、意思表示は、効果意思と表示行為から成り立つといえます。

(2) 錯　誤

効果意思と表示行為が一致するのが普通ですが、もし一致しない場合はどうなるのでしょうか。私的自治の原則が採用されるのは、各人の自由な意思を尊重することが望ましいと考えられるためであったことからすれば、自分の思ったことと違う法律効果が生じることは極力避けるべきでしょう。

たとえば、Ａは「Ｂの建物を1,000万円で買いたい」と思ったが、Ｂとの契約のとき、契約書につい「１億円」と記入してしまった場合、Ａの思ったことは「1,000万円で買う」ことである以上、「１億円で買う」ということに効力を与えられては困ります。このように内心的効果意思と表示行為の不一致があり、かつそのことを本人が知らない場合を「錯誤」といい、その場合の意思表示は、本人の利益を考えれば、無効（効力がない）とすべきでしょう。もしＡの「申込み」が無効となれば、Ｂの承諾だけが残りますが、Ｂの承諾だけでは契約は成立しないため、結局、契約自体無効となります。

しかし、Ａの意思表示を無効とすることはＡの利益にはなります

が、相手方Bの立場に立ったとき、相手方BにはわからないAの内心的な理由のために、一度は有効に成立したと思った契約が有効ではないといわれたらBは安心して取引きできません。Bの利益を守る必要もあります（このようにAを本人としたときの相手方の利益保護は「取引の安全」と表現されることもあります）。

　そこで民法は95条で、「法律行為の要素に」錯誤があるときだけ無効としました。つまり重要なことに関する錯誤だけを無効としました。さらに民法は、Aの「重大な過失」によって錯誤が生じた場合には、そういう錯誤に陥ったA自身にかなりの落度があることを考慮し、相手方B保護のためにも有効とすることで、A（本人）とB（相手方）の双方の利益の調和を図っています。

　その結果、民法95条は錯誤に関し、「意思表示は、法律行為の要素に錯誤があったときは、無効とする。ただし、表意者に重大な過失あったときは、表意者は、自らその無効を主張することができない」としています。

(3)　心裡留保

　では、内心的効果意思と表示行為が不一致であることを知りつつ意思表示した場合はどうでしょうか。いわゆる、冗談や格好つけなどです。たとえば、Aは酒を飲んで友人と歓談中、友人Bに自分の住んでいるマンションを「あげる気もない」のに「あげるよ」といったりする場合です。この場合、Aの効果意思は「Bにマンションはあげない」ですが、表示行為は「あげる」であり、双方不一致です。また、A自身その不一致を知っています。このような場合を「心裡留保」といい、意思表示は本来無効であってもよいのですが、先ほどの「錯誤」と異なり、内心的効果意思と表示行為の不一致を本人自身が認識している以上、本人より相手方の保護を考えるべきです。そこで、この場合の意思表示は、原則として「有効」となっています。

しかし、相手方が本人の効果意思と表示行為の不一致を知っているか、知らなかったとしても注意すれば知ることができたような場合には相手方を保護する理由はありませんので、無効とされます。つまり、心裡留保が有効とされるのは、相手方が善意（不一致を知らないこと）かつ無過失（不一致を知らないことについて不注意ではないと評価されること）のときだけです。

(4) 詐欺・強迫

意思表示は、効果意思と表示行為が一致していれば原則として有効であることはすでに述べたとおりですが、効果意思を形成する過程に問題があるとしたらどうでしょうか。

たとえば、ある土地のそばに、近い将来鉄道の駅ができる（実際にはまったくのウソ）というBの言葉に騙されたAがこの土地を購入したとします。この場合のAの効果意思は「この土地を買いたい」であり、表示行為は「この土地を買う」ですから両者に何ら不一致はありません。しかし、Aが「この土地を買いたい」と思うに至ったのはBが「そばに駅ができる」と言ったためです。つまり、Aは、Bに騙されて意思表示したのです。

このように意思表示の構造上は問題はないのですが、その形成過程に詐欺などが存在した場合、民法は騙された者に「取消し」という救済手段を与えました（民法96条）。

また、AがBに脅されて、無理やり土地を買わされた、つまり買うという意思表示を強制された場合も、「この土地を買う」という効果意思と表示行為との間に不一致はありません。この場合も、効果意思を形成する過程に問題があり、詐欺と同じくその意思表示を取り消すことができます（民法96条）。なお脅されてした意思表示は、民法上「強迫」による意思表示とよび、「脅迫」という文字は使用しません。念のためいえば、刑法では「脅迫罪」（刑法222条）です。

取消しというのは、取消しという意思表示（原則として意思表示は相手に到達しないとその効力を生じませんが、取消しも意思表示ですので、相手方に到達しないとその効力を生じません。民法97条）をしない限りAの意思表示は有効ですが、いったん取消しをしたら、Aの意思表示をした時点に遡って(さかのぼ)その時点から（つまり初めから）無効だったことになります（民法121条）。つまり取消しするかしないかは一応本人の自由に任せ、本人がやはり契約を無効にしたいというのであれば取消すことができるといった方法をとったのです。

(5) 通謀虚偽表示

このほかに、意思表示をするつもりなどない、つまり法律効果の発生をまったく欲していない者同士がお互い通じてした虚偽の意思表示は当然に無効です（民法94条）。たとえば、ある土地の所有権を移転する意思などないのに税金対策上、売買契約を締結する場合などです。

(6) 第三者との関係

これまでは、意思表示をした本人とその相手方との関係だけに焦点を絞ってきましたが、ここで第三者が登場した場合について説明します。たとえば、Aは自分の所有建物をBに売却し、BがそれをCに売却した場合を(a)錯誤、(b)詐欺、(c)強迫のケースに分けて、それぞれ考えてみましょう。

(a) 錯誤のケース

AB間の売買契約において、Aの意思表示に錯誤があり、それによってAの意思表示が無効となれば、AB間の売買契約も無効です。したがって建物の所有権は、売買契約によって何ら移動しません。それゆえ建物の所有権は、未だAにあり、Bは無権利者です。したがって無権利者Bからの譲受人Cも無権利者となるはずですが、第三者が善意の場合には、第三者保護のため、通謀虚偽の条文（94条2項）を類推適用したり、詐欺の場合の条文（96条3項）を

類推適用して、第三者との関係では有効と考えられる場合があります。

(b) 詐欺のケース

では、AB間の売買契約において、AはBの詐欺により意思表示をしたケースではどうでしょう。Bの詐欺によりAB間の売買契約が成立し、その後BC間で売買契約が締結され、その後、AはやっぱりAB間の売買契約を取り消したいと思い、Bに対し取消しの意思表示をしたとします。判例の考え方によれば、建物所有権は、AB間の売買契約成立と同時にBに移ります。さらにBC間の売買契約成立と同時にCに移ります。しかし、その後Aが取消したことにより、AB間の売買契約は遡及的に無効となる（初めから何もなかったことになる）ため、AB間の売買契約締結のときに戻って考えれば、建物所有権はAからBに移転しないことになります。つまりBは無権利者です。とすると無権利者からの譲受人Cもまた無権利者となり、結局、建物所有権はAにあるということになり、Cは所有権を取得できないはずです。しかしながら、そもそもAがBに騙されたかどうかCはまったく知らない（善意）場合、Cはいったん有効に取得した所有権を自分のまったく関与しないことでAに取り戻されてしまうことになりますが、それではあまりにCに気の毒です。それに比べ、Aの側には、騙されたことについて多少なりとも責められるべき点はあります。そこで民法は、騙された者より、一度は有効に成立したAB間の契約を前提に新たに取引関係に入った者の方をより保護すべきと考え、詐欺による意思表示の取消しは、善意（知らないこと。ここでは詐欺のあったことを知らないこと）の第三者に対抗できないとしています（民法96条3項）。つまり、Aは取り消しても、善意のCには勝てない（建物の所有権はCにある）ことになります。

(c) 強迫のケース

　ところが、これが詐欺ではなく、強迫だった場合、民法上このようなの第三者保護の規定はありません。それゆえ、Aは取り消せば所有権を取り戻せることになります。強迫の場合、詐欺と違ってAには責められるべき点が少なく、Aを保護する必要性が高いからです。

(d) 取消しの時期

　ところで(b)のケースは、BC間の売買契約が締結され、その後BC間の売買契約が締結された後にAによって取り消された場合ですが、同じ詐欺でも、Aの取消の意思表示がBC間の売買契約成立よりも前になされたケースではどうなるでしょうか。

　判例の考え方によれば、建物所有権はAB間の売買契約によりAからBに移ります。しかし、Aの取消しにより初めからAのものとされ、Bは無権利者です。それゆえ無権利者Bからの譲受人Cは無権利者です。また、96条3項によって保護される第三者Cは、あくまで取消しの前に契約を締結した者に限られると考えられていますので、本ケースでは常にAが建物所有権を有することになりそうですが、Cは何ら保護されなくてもよいのでしょうか。

　この点については、以下のように考えられます。不動産の売買がされたときは、通常、登記をしますが、後でも説明するように、そもそも登記は、権利の所在を公示する方法ですので、Cからすれば B が正当な権利者だと信じるのが通常です。一方、取り消したことにより所有権が

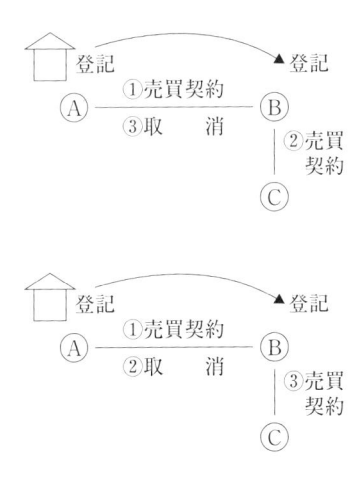

3　権利・義務の発生、消滅とその原因について　153

自分に戻っているAは、いつまでも登記をBの名義にしておかないで、登記を自分のところへ戻しておくべきです。それにもかかわらずCが保護されないのでは、あまりに取引の安全を害します。そこで、判例や学説は、Cが所有権を取得できる場合があってよいと考えています。

しかし、Cが所有権を取得できるという結論を出すための法的根拠がなければなりません。法的根拠もなしに結論付けることになれば、もはや法に基づく紛争解決にはなりえず、法の目的である社会秩序の維持や正義の実現は図れません。

そこで、法的根拠については、いくつかの考え方がありますが、ここでは、判例の考え方を紹介します。AB間の売買契約により、建物所有権は一度はAからBに移っている。したがって、Aが取り消したとき、法律上正確には当初から遡って無効となるが、それをBからAに権利が戻った、つまり移転したと考えれば、Bを中心としたAとCへの二重売買と同様の処理ができる。そして、二重売買における買主の優先関係については、民法177条を適用し（民法177条については、後で詳しく述べます）、登記を先にした方が勝つという結論を導きます。

このように、ある種の擬制を用いてまでも民法177条を法的根拠と考えるわけですが、一般的にこうした操作ができるわけではありません。こうした擬制を用いてまでもCを保護しなければならない必要性があると考えるからです。

つまり、法解釈というものは、その解釈を支えるだけの「必要性」（ここでは取引の安全又は第三者Cの保護）と法的根拠（これを「正当性」ともいいます。ここでは民法177条がこれにあたります）が必要となります。この両者の限界を探し求めていくのが法解釈といってもあながち間違いはないと思います。

④ 物権について
1 「物」の意味

　物権の対象である「物」は特定した独立の物でなければなりません。特定かつ独立していなければ排他的支配を及ぼすことができないからです。この特定した独立の物は、大別して「動産」と「不動産」に分けられます。このうち不動産とは、土地及びその定着物をいいます（民法86条）。土地の定着物は、大別して3種類に分けられます。 a．土地と別個独立のもの、b．土地と一体化しているもの、c．aとbの中間的な存在で、あるときは土地と別個独立のものとして扱われ、またあるときは土地と一体化して扱われるものです。

　①の土地と別個独立のもの（上記a）のうち重要なものが「建物」です。つまり建物は、それ自体土地とは別個独立の不動産であることに注意してください。

　土地と一体化しているもの（上記b）としては、石垣の石や擁壁、土の中に埋め込まれた庭石などがあります。これらはその状態のままでは独立して取引の対象とはされずに、土地と運命をともにします。

　中間的存在（上記c）としては樹木があります。樹木は、それ自体が土地に生育したままの状態で取引の対象となりうるし、また土地と一体化して扱われ、土地と運命をともにすることもあります。この樹木に関しては、むずかしい問題がかなりあるため、ここではこれ以上立ち入りませんが、要は、樹木は、土地と一体となって不動産を構成する場合と、土地とは別個独立に扱われる場合があります。

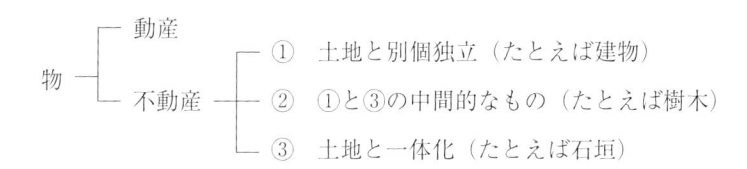

```
        ┌ 動産
物 ─────┤        ┌ ① 土地と別個独立（たとえば建物）
        └ 不動産 ┼ ② ①と③の中間的なもの（たとえば樹木）
                 └ ③ 土地と一体化（たとえば石垣）
```

2　所有権、引渡しと担保物権

ところで民法は、物権として、所有権、占有権、地上権、永小作権、地役権を定めるほか、担保物権として、留置権、先取特権(さきどりとっけん)、質権、抵当権を定めています。これらの権利の詳しい内容は、専門的になるため、ここでは省略しますが「所有権」と「引渡し」や「担保物権」は、設計者や工事監理者が実務上耳にする用語ですので、簡単に説明しておきます。

(1)　所有権

所有権はある物を自由に使用・収益・処分できる権利（民法206条）、つまり、煮て食おうが焼いて食おうが、誰にも文句を言われない権利です。

(2)　占有権

占有権は、占有（事実上支配している状態）を守るために与えられる権利です。つまり、ある物を自分の支配下におけば、法的にその物の支配状態を維持できる権利が与えられることになります。そして、占有の移転を「引渡し(ひきわた)」といいます。ですから「物を引渡す」という場合の正確な意味は、物に対して現実に支配している状態を移すことです。

(3)　担保物権

担保物権は、ある債権を担保する（その債権どおりの内容が実現されないときの保証となる）ためのものです。たとえば、AがBに1,000万円を貸し付けたが、Bは返済期日になっても支払をしないとしましょう。この場合、AがBに金を貸し付けた際、担保物権を有していたら、Bがたとえ返済期日にお金を返さなくとも、担保物権が設定されている物を処分（換金）して1,000万円を返してもらえることになります。このようにある債権を担保するために存在する物権を「担保物権」といい、担保される債権を「被担保債権」といいます。

担保物権も物権ですから、物を直接的・排他的に支配することに違いはないのですが、あくまで被担保債権を担保するためのものにすぎないため、被担保債権が移転すれば（たとえば、AのBに対する1,000万円の返還請求権をAがCに譲り渡した場合）、担保物権も移転し、Cが担保物権を有することになります（こうした性質を「随伴性」といいます）。また、被担保債権が消滅すれば（たとえば、BがAに対し全額返した場合）、担保物権も消滅します（こうした性質を「附従性」といいます）。

こうした担保物権の典型的なものが、留置権（他人の物の占有者がその物に関して生じた債権を有するときは、その債権の弁済を受けるまでその物を留置することができる権利、民法295条）、先取特権（法律の規定に従い債務者の財産につき他の債権者に優先して自己の債権の弁済を受ける権利、民法303条）、質権（債権の担保として債務者又は第三者から受け取ったものを占有し、かつその物について他の債権者に優先して自己の債権の弁済を受ける権利、民法342条）、抵当権（債務者又は第三者が占有を移さないで債務の担保に供した不動産について他の債権者に優先して自己の債権の弁済を受ける権利、民法369条）です。このうち、留置権と先取特権は、とくに当事者の合意はなくても法律上一定の要件を備えれば当然に発生しますが、質権と抵当権の発生には当事者の合意が必要です。

3　所有者の請求権

物権は、結局のところ物を円満に支配できる権利ですから、その円満な支配状態を壊す者に対して、円満な状態で支配できる権利を主張できなければ物権としての意味をなしません。そこで物権をもっている者には、学説・判例上ともに、①妨害が加えられそうな状態のときの妨害予防請求権、②妨害が加えられたときそれを除去するための妨

害排除請求権、③物をもっていかれてしまったとき取り戻すための返還請求権、という３種類の請求権（債権）が認められています。このように物権から当然に生じると考えられる債権を「物上請求権」又は「物権的請求権」といいます。

4　登記について
(1)　公示方法としての登記

　登記については、すでに少し触れましたが、ここで改めて登記について説明します。登記について考える場合、まず物権とは何かを思い出す必要があります。物権とは物を直接的、排他的に支配する権利です。したがって、たとえば建物の売買契約において、もし建物が売主の所有だと思っていたところ、実は所有者が別にいた場合、買主は、建物を支配できないばかりか、むしろ真の所有者に奪い返されてしまいます。建物を直接的、排他的に支配しているのは真の所有者だからです。しかし代金を支払ったのに建物が手に入らないのでは買主は不測の損害を被ることになります。このように、物権が誰に帰属しているかは、これから取引しようとする者にとって非常に重要な事項です。

　こうした不測の損害が生じないようにするためには、誰がその物に物権を有しているかを公に示す（これを「公示」といいます）必要があります。そこで「登記簿」とよばれるもの（法務局登記所で扱っています）に物権取得者である所有者などの名前を記載し、それを第三者が見ることができれば、第三者は安心して取引できるようになります。ここで、権利を取得しようとする者のように新たに取引関係に入る者の利益を守ることを一般に「取引の安全」といいますが、取引の安全を図るために考えられたのが登記制度といえます。現代社会において取引の安全が守られなければ社会全体が有効に機能しないことはいうまでもないでしょう。もっとも登記制度は不動産の公示方法で

あって、動産については占有（事実上の支配状態）が公示方法となっています。つまり、登記制度は、不動産の取引の安全を図るために設けられた制度ということになります。

しかし、登記簿上に所有者として記載されているからといって、必ずしも真の所有者とは限りません。登記を扱う登記所では、登記を申請する人が本当の所有者か否か審査することはできないからです。真実の所有者か否かを決めるのは最終的には裁判所です。そうだとすると、いくら民法上、不動産取引の安全を図るため登記によって物権の所在を明らかにするという建前をとっても、100％信用できるわけではありません。この点は非常に重要なことですので注意してください。

たとえば、実際はＡが所有している建物の登記簿上の名義が、何かの事情によってＢになっているとします。Ｂはこうした状態を利用して、あたかも自分が所有者のような顔をしてＣに売り渡したとき、建物の所有権は誰がもっていることになるかについて、順を追って考えてみます。

建物の所有権は、Ａが有していた。ＡとＢとの間では、Ａがその所有権を失うような法律要件（たとえば契約）は何も存在しない。無権利者Ｂからの譲受人Ｃは当然無権利者である。したがってＣは、登記簿上の権利者がＢになっているからＢが所有者だと信じて売買契約を締結しても、また売買契約締結後Ｂから登記の移転を受け、Ｃ自身が登記簿上の所有者として記載されたとしても、所有権は取得できない、という結論が原則になります。

動産でも同様です。たとえば、Ａが所有している本をＢに貸したため、いまＢがその本を占有（事実上の支配）しているとします。Ｂは、自分が本を占有しているのをいいことにＣにこれを売り渡しました。この場合、Ｂは、本の所有権を有していません。したがって、無権利者Ｂからの譲受人Ｃは、原則として無権利者であることは、上

記の不動産の場合と同じです。

　では、例外的に譲受人Ｃが権利を取得することがあるのでしょうか。動産の場合には、Ｃが所有権を取得できる制度が定められています。すなわち、Ｃは、Ｂが本を占有しているためＢが所有者だと信じて（所有者でないと「知らないこと」を「善意」といいます）、かつそう信じたことに不注意がなく（無過失といいます）その本を買って引渡しを受けた場合、Ｃはその本の所有権を取得できます。その結果、Ａは何もしない間にその本に対する所有権を失うことになります。これは「即時取得」とよばれる制度です（民法192条）。

　前にも言ったように、民法は動産の所有者であることを公示する方法として「占有」を採用しています。したがって、Ｃは、この占有がＢにあることから、Ｂがその本の所有者であると信じて買ったのに、その本の所有権を取得できないのではあまりにＣが気の毒、というのがこの制度の存在理由です。言葉をかえれば、真の所有者の利益を犠牲にしてでも取引の安全を図ろうとするものといえるでしょう。このように、民法が用意した物権の公示方法を信頼した者が保護されるという結果を見るとき、占有に「公信力」があると表現しています。

　しかし、不動産の場合こうした制度はとくに定められていません。つまり、登記には公信力がありません。ではなぜ動産の占有には公信力があって、不動産の登記には公信力がないのでしょうか。一般に、不動産は生活の基盤をなすことが多く、真の所有者を犠牲にしてまでも取引の安全を図ることもやむをえないこと、また不動産に比べ動産の取引の頻度は比べものにならないほど多いので、いちいち真の権利者を確認しなければ安心して取引できないとしたら経済活動が滞る、などの理由が考えられます。

　とはいうものの、不動産の場合も、解釈として、94条２項類推適用などによって取引の安全を図るケースがありますが、この点は専門的

になるため、ここでは省略します。

(2) 対抗要件としての登記

ところで、登記は、民法上、公示機能だけでなく、対抗要件としての意味を有しています。たとえば、Aが所有する建物をBに売り渡したのち、再びCに売り渡したケースを考えてみます。AB間の売買によって建物の所有権はAからBに移転しているため、Aは無権利者です。無権利者のAから買ったCは原則として無権利者のはずです。ところが民法はこうした結論をとりません。民法は「不動産に関する物権の得喪及び変更は、不動産登記法その他の登記に関する法律の定めるところに従いその登記をしなければ、第三者に対抗することができない。」（民法177条）と定めています。つまり、Bはいくら先に売買契約を締結しても、その後売買契約を締結した第三者Cに対しては、登記を備えない限り、建物は自分のものだといえませんし、逆にCも登記を備えていない限り、Bに対して建物は自分のものだとはいえません。それゆえ、Aが二重に売買するケース（二重売買といいます）では、先に登記した方が勝ちという結論になります（実際には、二重売買すると横領罪（刑法252条）や背任罪（刑法247条）など刑事責任を問われる可能性があるため、ほとんど行われていないと思われます）。このように不動産の物権を取得したものは、登記しなければ第三者に対抗できないことから、登記は不動産物権変動の「対抗要件」とよばれています。

では、Aはなぜ一度Bに手渡した所有権を再びCに移転することができるのでしょうか。民法学上も完全な説明は未だなされていません。ここでは、登記が備わらない限り不完全な権利しか移転しないと考える学説だけ紹介しておきます。

また民法177条は、Cがたとえ悪意（AがすでにBに売り渡したことを知っていること）であっても、Bより先に登記をすればBに勝

てると考えられています。この程度のことは自由競争の範囲内と考えられているからです。したがって、Cの善意・悪意を問わず、Bは、原則として先に登記をしないと物権の取得を第三者に対して主張できません。例外については、専門的すぎるため、省略します。

　もっとも、AとB又はAとCとの間では、BとCはそれぞれAに対して自分の所有権を主張できます。つまり、BとCが未だ登記を備えていない状態でも、Aとの関係でAが所有者ということにはなりません。

　なお登記手続については、原則として、登記により直接に利益を受ける者（これを「登記権利者」といいます。ここではAです）と登記により直接に不利益を受ける登記名義人（これを「登記義務者」といいます。ここではBかCです）の共同申請であるため、BもCもAの協力がなければ登記できません。

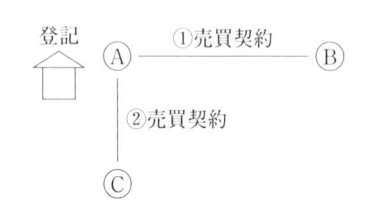

5　物権の取得・喪失について

　物権を新たに取得したり、喪失したりすることは、権利の取得・喪失を意味するため、法律効果です。法律効果の一つとしての物権の取得形態には、「承継取得」と「原始取得」があります。承継取得はさらに「移転的承継」と「設定的承継」に分けられます。移転的承継は、売買契約によって所有権を取得する場合など、前の所有者が持っている物権をそのまま承継することをいい、設定的承継は、所有する不動産に抵当権を設定する場合など、前の所有者が持っている物権の一部を承継することを意味します。

　ところで移転的承継取得は、さらに「特定承継」と「包括承継」（一般承継ともいいます）に区別されます。特定承継は、特定された権利の承継ですが（売買契約・贈与契約などほとんどがこの特定承継

の原因になります）、包括承継は前の人が有していた法律上の地位（権利・義務すべて）をそのまま承継することをいいます。「相続」による承継がこの包括承継にあたります。たとえばAが死亡してBが相続したとすると、BはAが死亡時点に有している権利や義務をそのまま引き継ぎます。ここで注意すべきは、Aが死亡時点に甲建物と乙建物を有していた場合、相続人BとC（複数の相続人を「共同相続人」といいます）は、相続によってBが甲建物、Cが乙建物というように別々に権利を取得するのではなく、BとCが甲建物について2分の1ずつ、乙建物についても2分の1ずつ権利を有するという点です。もしこうした形（これを「共有」といいます）が嫌なら、BとCが相談のうえ決めるほかありません（遺産の分割について共同相続人が協議することを「遺産分割協議」といいます）。しかし、遺産分割協議はあくまで協議ですから、BとCとの間で話し合いがつかなければ共有になります。

5 債権について

1 債権の概要

　債権は、人に対してある行為を請求することができるだけですから、その人が請求された行為をする、しないは、その人の意思いかんにかかっています。たとえば、Aテレビ局がタレントBと特定の日時にテレビに出演してもらう契約を締結しましたが、タレントBは同じ日時に他のCテレビ局へ出演する契約も締結した場合、Aテレビ局としては、BがAテレビ局に出演するようBの身柄を拘束するようなことはできません。もしBがCテレビ局へ出演してしまえば、Aテレビ局としてはBに対して損害賠償を請求するほかありません。

　このように債務者の行為そのものを内容とする債務を一般に「なす債務」といいます。この「なす債務」というものは、債務者の行為そ

のものを内容にする権利であるがため、その人が義務を履行（債務者が債務の内容を実現することをいい、「弁済」ということもあります）しない場合でも、強制力をもって履行させることはできません。人を支配することになるからです。もっともその義務が、物などを与える内容であるならば（このように物を引き渡すことを内容とする債務を一般に「与える債務」といいます）、強制的に物などをとりあげても、必ずしも人を支配したとはいえないため許されます。

また、債権は、ある一定の行為を請求する権利です（この一定の行為を「給付」とよびます）が、この給付は、人の行為である以上、「適法」なものでなければなりません。違法な行為を請求することなど権利として国家が認めないことは明らかです。また、「可能」な行為でなければなりません。たとえばスーパーマンのように空を飛べと請求することは無意味です。さらに「確定」した行為でなければなりません。不確定な行為を請求されても行う方が困るからです。それゆえ、給付として必要なことは、①適法であって②可能な③確定したものであることです。

ここで適法性に関して、民法90条は、「公の秩序又は善良の風俗に反する事項を目的とする法律行為は、無効とする。」とし、公序良俗に反する契約は無効としています。何が公序良俗違反かは、その契約を無効としても守るだけの価値があるかどうかという観点からの判断にならざるをえません。

可能性については、一般に、ある契約を締結する以前から不可能な場合と、契約締結以後に不可能になる場合とに分けて考えられています。当初から不可能であれば、給付としての要件に欠けるため、契約自体成立しません（これを「原始的不能」とよんでいます）。ところが、いったん契約は成立し、ある物を引渡す義務があるのに、引渡し期日以前にその物がなくなってしまった場合はどうなるのでしょうか

(これを「後発的不能」といいます)。

　たとえば、AとBが、Aの所有している建物を代金1億円で売買する契約を締結したとします。その後、Aがこの建物をBに引渡す(占有という事実上の支配状態を移転する)前に焼失してしまったとしたら、AB間の法律関係はどうなるでしょうか。この売買契約により、AはBに対し代金1億円を支払えという債権(債権aとする)が生じ、BにはAに対し、建物を引渡せという債権(債権bとする)が生じています。しかし、建物が焼失した以上もはや存在しない建物を引渡せという不可能をAに強いることはできないため、債権bはそれ自体消滅させるをえません。もっとも、建物の焼失がAの責めに帰すべき事由による場合は、債権bは、損害賠償請求権に変化します。すなわち、不可能になったことについてAの責めに帰すべき事由がある場合(責めに帰すべき事由を「帰責事由」といい、故意、過失又は信義則上これを同視すべき事由をいいます。いわば落度といえるものです)、AはBに対し、債務不履行として損害賠償責任を負います(民法415条)。そして損害賠償は、原則として金銭です(民法417条)。またこの損害賠償請求権は、もとの債権bとは法律上同一として扱われます。つまり債権bは消滅したことにならず債権bは姿形を変えてそのまま損害賠償請求権になっていると考えます。

　確定についての注意点としては、確定は債権の成立時点に必要な要件ではなく、実際に給付をなす時期までに確定していればよいと考えられています。

2　債務不履行

　「債務不履行」について若干説明します。債務はその内容を実現することを法律上要求されていますが、もしその内容どおりに実現されないときには、債務の履行を期待している債権者にとって様々な損害

が生じます。その債権者の損害を債務を履行しない者に賠償させる制度が債務不履行です。債務不履行には「履行遅滞」、「履行不能」、「不完全履行」の３形態があります。

　履行遅滞は、履行しようと思えばできるにもかかわらず、本来なすべき履行期を過ぎても履行せず、かつ履行しないことが債務者の帰責事由（責に帰すべき事由）による場合、債務者は遅滞によって被った債権者の損害を賠償する責任を負います（民法415条）。

　たとえば、ＡがＢに100万円を貸したが、Ｂが返済期日になっても返さない場合、返済すべき時期に返さないことはＢの帰責事由によります。（たとえお金が手元にないとしても給付《金を返すという行為》自体が不可能とはいえません。金銭自体が世の中からなくなることはおよそ考えられないからです。）したがって、ＡはＢに対して、100万円の返還請求権のほかに損害賠償請求権を有しますが、この場合の損害は、民法上、年５％の割合による損害金です（民法404条）。

　履行不能は、前にも触れたように履行が不可能であり、その原因が債務者の帰責事由による場合、債務者はそれによって生じた債権者の損害を賠償する責任を負います（民法415条）。

　不完全履行は、一応履行はしたもののそれが完全でなく、かつそれが債務者の帰責事由による場合です。不完全部分については、履行遅滞又は履行不能と同様に考えられています。

　また債務不履行に基づいて債務者が損害賠償責任を負う場合、そこでの損害は、債務者の債務不履行と因果関係がなければなりません。しかしここでいう「因果関係」は自然的因果関係を指すわけではありません。人間社会で共同生活を営んでいる以上、もし自然的因果関係のある損害をすべて賠償することになれば、賠償責任は際限なく広がってしまいますが、それでは賠償する人にとって酷だからです。そこで民法上の因果関係は、賠償させるべき損害はどこまでが相当かと

いう価値判断を加えたものであり、これを通常「相当因果関係」とよんでいます。何が相当かは非常に難しい問題であって、現在でも学説上争いのあるところですが、いずれにしてもここで重要なことは、たとえ損害を被ったとしても、それは法律上相当と考えられる範囲に限定されるということです。

3 同時履行の抗弁権

契約には様々なタイプがあります（民法では13種類の契約を規定しています）が、売買契約に代表されるように、多くは、契約当事者が互いに対価的な意義をもつ債権・債務を有し合うものです（こういう契約を「双務契約」といいます）。

たとえばAとBが、Aの建物を代金1億円で売買する契約を締結した場合、AはBに対し代金1億円の支払請求権を有し、BはAに対し建物引渡請求権を有します。AがBに対して代金1億円を払えといったとき、Bはそのままいわれるとおりに払ったのに、あとになってAが建物を引渡してくれないとしたらどうでしょうか。

Bにとって不合理なこと明白です。BはAの建物を引渡してもらえるからこそ1億円を支払う意味があるからです。そうだとすれば、こういう場合、BとしてはAから1億円の請求をされたら、Aに対し払ってもいいが、その代わり建物を引渡せ、といえることが公平だと考えられています。

つまり、双務契約当事者間の公平を考え、一方からの請求に対しては自分も履行する代わりに相手も履行をしなさいといえる権利を民法上「同時履行の抗弁権」とよんでいます（民法533条）。

ただし、契約で代金1億円を先に支払うことになっていれば、先に支払わなければならないことは当然です。

4　危険負担

また、双務契約においては、危険負担という問題があります。たとえば、AとBが、Aの建物を代金1億円で売買する契約を締結したが、AがBに建物を引渡す前で、かつBがAに代金を支払う前に、隣の家からの出火でAの建物が全焼してしまった場合のAB間の法律関係を考えてみます。

売買契約によりAはBに対し、代金支払請求権を有し、反対にBはAに対し、建物引渡請求権を有します。しかし建物が全焼した以上、建物を引渡すという債務を履行することは不可能です。しかもその不可能となった原因は隣の家からの出火ですから、債務者Aの帰責事由はありません。したがって法律上不可能を強いることはできない以上、この建物引渡請求権は消滅します。

（Aの帰責事由があった場合、すでに説明したように、Aの債務不履行として、BはAに対し、建物引渡請求権にかわって損害賠償請求権を有するため、これから説明するようなことにはなりません。）

ところでBの建物引渡請求権が消滅する結果、Aの代金支払請求権はどうなるのでしょうか。建物引渡しと代金支払は互いに対価的な意味をもつのですから、建物引渡しができない以上、代金支払もする必要がない、つまり代金支払請求権は消滅すると考えるのが普通でしょう。民法も原則はそのように考えたものの、建物の売買契約のような特定物売買については例外的決着をつけています。すなわち、このようなケースではAの代金支払請求権は消滅しない、つまりBは代金を支払わなければならないということになっています（民法534条）。

このように、たとえ建物引渡請求権が消滅したとしても、その反対給付である代金支払請求権は消滅せず、結果的にBが不利益を被るということを称して「債権者主義」とよんでいます（履行が不可能な

ために消滅する建物引渡請求権を基準にすると、Aは債務者、Bは債権者であり、債権者たるBが結果的に損をするから「債権者主義」というのです)。反対に、Aの代金支払請求権も消滅するというのであれば、債務者たるAが損をするから「債務者主義」といいます(民法536条)。

　民法は債務者主義を原則としていますが、特定物売買について債権者主義を採用していることについて、不合理だと学者から批判されています。もっとも、売買契約書の中で、債務者主義をとることを明記しておけばこうした問題は生じません。これらの規定は強行規定ではなく、任意規定(ないし補充規定)だからです。

6 契約解除の効果

1 契約当事者間の効果

　契約を解除するためには、解除の意思表示が必要です。解除の意思表示は、相手方に到達して、はじめてその効果が生じます。意思表示(解除も意思表示の一つ)は相手方に到達したとき、はじめて効力を生じるのが原則だからです(民法97条)。

　では、契約解除されるとどのような効果が生じるのでしょうか。解除の効果について、通説・判例は次のように考えています。契約が解除されると、その契約は契約締結時点に遡って何もなかったことになる。つまり取消しにおける遡及的無効と同様に考えます。たとえば、Aが自分の建物をBに代金1億円で売却する契約を締結したが、Bが代金を払わないとする。Aは契約解除をすれば、A、B間には当初から何もなかった状態になるのだから、A、Bともに何の権利義務関係もないことになると考えるのです。

　そして、契約解除されると、当事者は、互いに原状に回復すべき義務があります(民法545条1項)(これを「原状回復義務」とよんでい

ます)。したがって、Aが、もし代金の一部を受け取っていれば、この原状回復義務に基づいて、それをBに返す義務が生じますが、それに加えて、代金の一部を受領したときから利息(民法では年5％)をつけて返さなければなりません(民法545条2項)。さらに、もしAがBの債務不履行(期日に代金を払わなかったこと)によって損害を被れば、AはBに対し、損害賠償を請求することができます(民法545条3項)。

2 第三者に対する効果

ところで、契約解除の効果もAとBの間だけなら大きな問題はないのですが、第三者が入ってくると厄介です。いまAB間の売買契約において、Aが契約を解除する前にBが第三者Cに建物を売却したケースを考えてみます。AB間の売買契約により、建物の所有権は判例の考え方によれば、原則としてAからBに移転し、BC間の売買契約により、さらにBからCへと移転します。しかしAの契約解除によりAB間の契約は当初から無効となるため、AからBへの所有権の移転はないことになります。とすれば無権利者Bからの譲受人Cは無権利者となるはずです。しかしそれではいったんはAB間の契約が有効に成立し、それを基に利害関係を有するに至ったCがあまりに気の毒です。

そこで、民法は、このような場合、Aは契約解除をもって第三者Cには対抗できないとしました(民法545条1項但書)。

もっとも、この第三者Cは、単にBと契約を締結しただけではなく、登記をC名義にしておかなければ保護されないと考えられています。Aを犠牲にしてまで保護する以上、Cはせめて登記を備えている必要があると考えられますし、民法177条(登記の対抗要件)からしても、物権を取得する以上、登記を備えなければAに対して自分

のものだと主張できないと考えられるからです。

　では、Aの契約解除の後にCが登場したらどうでしょうか。いったんBに移った建物所有権は、Aの契約解除により当初からAのもとにあることになります。すなわちBは無権利者です。無権利者からの譲受人Cも当然無権利のはずです。しかし、これでは常にAが勝ちCが負けることになりますが、果たしてそれで妥当でしょうか。

　登記は権利の所在を公示する方法です。したがって、CからすればBが正当な権利者と考えるのが通常です。それにももかかわらずCが保護されないのではあまりに取引の安全を害します。Aの方としても契約を解除したのなら、登記を自分のところへ戻し、Bが権利者であるかのごとき外観を抹消しておくべきでしょう。そうだとすればAとCの間の利益調整方法として、AとCのいずれか先に登記をした方が勝つという結論が妥当ではないか、と判例・学説（一部）は考えています。これを理論的に説明すると、すでに取消しのケースで行った説明と同様になります。つまり、本来契約を解除すると契約時に遡って無効となりますが、それを、いったんBに移った所有権が、契約の解除によってBからAに戻る（復帰する）と考えれば（これは当然擬制です）、その後Bから譲り受けたCとの関係では、Bを中心としたA及びCへの二重売買と考えることができます。そうだとすれば、民法177条を適用して登記を先に備えた方が勝つという結論が導かれます。こうした法解釈も、結論を導くだけの必要性（ここでは取引の安全）と、そうした結論を導く正当性（ここでは民法177条）によって支えられています。

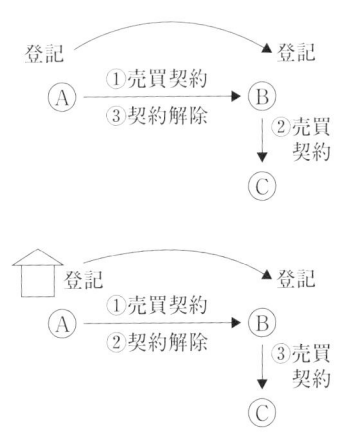

7　特殊な不法行為について

　法律行為以外の法律要件のうち、重要なものとして不法行為があります。解析編で説明した不法行為（民法709条）は、民法上いわば基本形ともいうべきもので、民法はこの他にも様々な形の不法行為を規定しています。その中で、建築士としてとくに注意しておくべきものをとりあげて説明します。

1　使用者責任

　使用者Ａに雇われているＢが不法行為をはたらいた場合、Ｂ自身は、民法709条に該当すれば不法行為責任を問われることは前に説明したとおりですが、Ｂを雇っている者、すなわち使用者Ａには責任はないのでしょうか。使用者Ａは自己の事業拡張のためにＢを使用し、そこから利益をあげている以上、Ｂがその事業を遂行するに際して不法行為をはたらいた場合には、そのために生じる損失についても負担を負うと考えるのが公平です。そこで民法715条は「ある事業のために他人を使用する者は、被用者（たとえば、従業員）がその事業の執行について第三者に加えた損害を賠償する責任を負う。」と規定し、被用者の事業遂行にあたっての不法行為については、使用者も責任を負うとしています。

　しかし、いくら使用者Ａといえども、たとえば、休日にＢが海へ遊びに行き、そこで友人と口論となった末、友人を殴ったというような不法行為をはたらいた場合にまで責任を負わされるのでは公平とはいえません。それゆえ「事業の執行について」という制限があります。この「事業の執行について」とはどの範囲を指すかは、個々具体的なケースごとに判断されることになりますが、一般的には、不法行為制度が、被害者を保護し、そのうえで加害者との間での負担の公平を図る制度である以上、被害者を救済する観点から、事業の執行を広

く考えているようです。

たとえば、最高裁判例（昭和40年11月30日判決）では、「『事業の執行に付き』とは、被用者の職務執行行為そのものには属しないが、その行為の外形から観察して、あたかも被用者の職務の範囲内の行為に属するものとみられる場合をも包含する。」と解釈しています。

2　共同不法行為

二人以上が共同して不法行為をはたらいた場合には、被害者は共同した加害者全員に対して損害賠償請求できます（民法719条）。複数の人が共同して不法行為をした場合、被害者はそれぞれの共同不法行為者に対してどういう請求ができるでしょうか。

たとえば、AとBが共同して不法行為をCにはたらいたケースで、Cの損害額が100万円だった場合、CはAとBに対していくらの損害賠償請求ができるかというと、仮にAとBが、不法行為に対して負担すべき割合がAが30％、Bが70％だったとすると、Aに対して30万円、Bに対して70万円の請求ができるのではなく、Aに対して100万円、Bに対しても100万円請求できます。しかし、Cは100万円の損害しかないので100万円以上受けとることはできないことは当然です。したがってAかBのいずれかから、もしくはAとB2人から合計して100万円受けとったら、その時点で100万円の支払請求権がAに対してもBに対しても消滅します。このような性質をもつ債務を「不真正連帯債務」とよんでいます。

3　工作物責任

ある土地上の工作物（たとえば、建物）に何らかの欠陥があって、そのために通行人が負傷した場合、その工作物の占有者（事実上の支配を及ぼす者）は損害を賠償しなければなりません（民法717条）。

もっとも、占有者が通常なすべき管理をしていたのに損害を生じたと考えられる場合には、占有者ではなく、所有者が責任を負うことになります。所有者は、いくら注意していたとしても責任を負います。これは過失責任の原則の例外です。その理由として、危険な物を所有する者は、危険から生じる被害についても責任を負うべき（危険責任）と考えられたり、そこから利益をあげる者は損失も負担すべき（報償責任）といったことが挙げられています。

8　代理について

　これまではAとBという当事者だけで契約を締結したようなケースを考えてきましたが、A又はBが、自分は大変忙しいので代わりの人が契約してくれると有難いと思うこともあります。このように他人の手を借りて自己の活動範囲を広げていく制度を民法は用意しています。「代理」とよばれる制度です。

1　代理の要件

　たとえば、Aはその所有している建物を売却することをBに頼み、BはCとの間でその建物に関する売買契約を締結したとすると、BC間の売買契約の効果は、AC間に生じます。したがって、建物所有権もBC間の売買契約成立と同時に（特約があれば別です）AからCへ移転します。これを少し分析してみます。

　民法は、代理制度の成立要件として、①AがBに代理権を与えること（代理権の存在）、②BがCとの間で法律行為をなすこと（代理人の法律行為）、③その際BはAの代理人であることを明らかにすること（顕名）を挙げています（民法99条）。そして代理の法律効果は、BC間すなわち代理人と相手方との間でなした法律行為の効果がAとCすなわち本人と相手方との間に生じることです。つまり民法

は、意思表示をした者がその意思表示の内容に拘束されることを原則としていますが、代理制度は、例外的に他人（Ｂ）のした意思表示に本人（Ａ）が拘束されます。したがって、売買契約から生じる債権、債務関係（たとえばＣの建物引渡請求権や登記移転請求権）は、ＡとＣとの間で発生します。

ところで、ＢがＡの代理人であることをＣに示す必要性はどこにあるのでしょうか。もしＢがＡの代理人であることをＣが知らなかったら、ＣとしてはあくまでＢとの間で売買契約を締結し、Ｂとの間で権利・義務関係を有するものと考えるのが通常です。にもかかわらず、実際はＡとの間で権利・義務が生じるとしたら、Ｃにとっては青天の霹靂でしょう。このように代理であるということは、法律行為をした者（Ｂ）以外の者（Ａ）に法律効果が帰属するものですから、相手方（Ｃ）に対してもそのことを明らかにする必要があるのです。これを民法上「顕名」とよんでいます。

また、代理権は、必ずしもすべてを代理人に任せるというものである必要はありません。たとえばＡは建物を１億円以上で売ってほしい、あるいは１億円以上で売ることのほか、代金支払については分割を認めず必ず一括払いの約束にしてほしい、など様々な条件をつけることも可能です。このように、本人が代理人に代理権を与えるといっても、その代理権には様々な制約がついていることが多いことに注意する必要があります。

そして代理権を与える行為としては、一般的に「委任状」という文書に記載することによって行われることが多いのですが、法律上は文書を作成する必要はありません。また代理権を与える場合、多くは「委任契約」と呼ばれる契約に基づいて行われます。

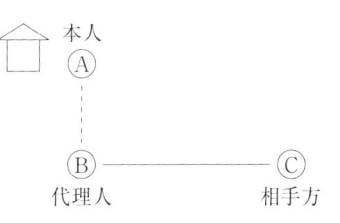

2　使者

　代理を理解するうえで、ついでに「使者」とよばれるものにも触れます。使者とは、その人のいわば手足となって働く者をいい、代理のように自らの意思で意思表示をする者ではありません。たとえば、Aがその所有建物を1億円でCに売却することを決めるほか必要な事項をすべて決めたうえ、Cに対して売買契約の申込をするに際し、郵便で出すのと同じようにAの意思を伝達する手段として、Cに伝えてもらうためにだけBを使う場合、Bを使者といいます。これに対し、Aがその建物を1億円以上で売ってほしいなどある条件を付けたうえで（条件を付けないことも多いが）、あとはBの意思表示によって、Cと売買契約を締結するというような場合が代理です。このように代理はあくまで意思表示をするのは代理人ですが、使者はあくまで意思表示をするのは本人です。もっとも、使者に関する問題は、代理と同様に処理されると考えられます。

3　無権代理

　では、BがAから代理権を与えられていないのに、勝手に自分はAから代理権を与えられていると称してCとの間で売買契約を締結したらどうなるでしょうか。代理としての要件の一つである代理権がない以上、法律効果はAには帰属しない。つまりAとCとの間に売買契約は成立しないことは当然です。Aからすれば自分のまったく知らない間に、勝手に売りとばされたのではたまらないからです。

　これを民法上「無権代理」といいます。その結果、CはAに対して何ら権利を主張できないので、あくまでBに対して、Aとの間で有効な売買契約の効果が生じるようにAの追認（承諾）をとりつけろと請求するか、損害賠償を請求するしかありません（民法117条）。

4　表見代理

　しかしAはいいとしても、Cは多大な迷惑を被ります。まして代金を支払っていたとしたらとんでもないことになってしまいます。ではCはどんな場合でも救済されないのでしょうか。民法は一定の場合、救済されるとしています。その一定の場合とは次の三つのケースです。

①ケース1

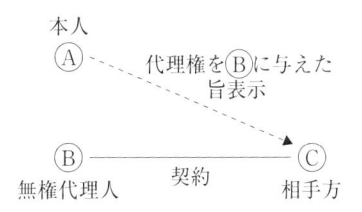

　無権代理人BがCと売買契約を締結したが、それ以前にAがBに代理権など本当は与えていないにもかかわらず、AがCに対して、「Bに代理権を与えた」と表示（手段は問いません）したケースです（民法109条）。

②ケース2

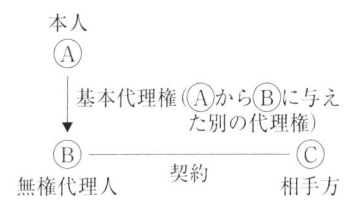

　AがBに、自動車を購入する代理権を与えたが、Bが不動産の売買契約を締結したように、AがBにある一定の代理権を与えたものの（これを基本代理権といいます）、Bがこの代理権の範囲を超えて、又は全く別の法律行為をしたケースです（民法110条）。

③ケース3

　AがBに、一度はCと売買契約を締結する代理権を与えたものの、その代理権はすでに消滅していると

[8]　代理について　177

します。それにもかかわらず、BがCと売買契約を締結したケースです（民法112条）。

以上いずれのケースも、Bにあたかも代理権があるかのごとき外観が作り出されたことに対してAが責任を負わされるだけの事由があると考えられる場合です。

ケース1は、Aが与えてもいない代理権を与えたなどと表示している以上、それを信じたCが保護され、Aが責任を負わされてもやむを得ません。

ケース2は、AがBを信頼して何らかの代理権を与えている以上、信頼したBが勝手に取引したとしても、Aにも責められるべき点はあります。

ケース3は、たしかにすでに代理権は消滅していますが、いったんはBを信頼して代理権を与えた以上、信頼したBが勝手に取引したとしても、Aにも責められるべき点はあります。

前記三つのケースは、代理権が存在するかのごとき外観の作出に帰責性ある者に対して、外観どおりの責任を負わせ、外観を信頼した者を保護していると考えられます。また、これらのケースは、真の権利者を犠牲にしてまで外観を信頼した者を保護しようとする制度ですから、そこで保護される者は、真の権利者を犠牲にするだけの要件を備えていなければならないと考えられています。その要件とは、善意（代理権があると信じたこと）かつ無過失（信じたことに不注意はないこと）です。したがって前記三つのケースのいずれも、Cが保護されるためには、Cが善意かつ無過失であることが必要です。

9 時効について
1 時効制度の概要

　AはまたBに100万円を貸したところ、Bは約束の返済日がきても返してくれない。Aとしては、Bが友人ということもあって催促するのも少し気が引けるし、Bだってそのうちには払ってくれるだろうと思い、そのまま何もいわないで何年か経ってしまいました。ところがBは一向に支払う気配がないため、Aもとうとうしびれをきらし、Bに100万円を返してほしい旨請求したとします。

　この場合、BはAから借りた金を返すのが当然ですが、もしAの請求が返済日から10年を超えてなされた場合、Bはこの請求を拒絶する法的根拠を得ることになります。これが「時効」とよばれる制度です。つまり、時効制度とは、一定の事実状態が永続した場合には、この事実状態が真の法律関係に合致するか否かを問わず、その事実状態をそのまま法律関係にしてしまう制度です。このケースでいえば、Aが放置していれば、法律上もAとBとの間には何の貸し借りもなかった、ということになってしまうというものです。

　時効にはこのケースのように、それまで有していた権利を長い間行使しなかったために権利を失う消滅時効と、逆にある権利を取得する取得時効とがあります。いずれも、ある一定期間（たとえば、消滅時効であれば、債権なら原則として10年、取得時効であれば、不動産なら所有権が他人に帰属することを知っていた場合（悪意）は20年、知らなかった場合（善意）は10年）事実状態が継続することが必要です。

2 時効と援用

　時効の効果を発生させるためには、いずれのケースも当事者が時効を主張する必要があります（これを「援用」といいます）。

9　時効について　179

3　時効の中断

　この時効制度が民法上採用されている理由としては、①長期間にわたって継続した事実状態を法律上尊重することによって法律関係全体の安定を図るため、②権利の上に眠っている者（権利がありながらそれを行使しようとしない者）は保護しない、③長期間にわたる事実状態が真の法律関係に合致するか否か立証することは難しいので時効によって法律関係を明確にするためなどと、説明されています。もっとも、時効期間の進行中、永続するとみられた事実状態と相反する事実が生じた場合、もはやかかる事実状態を法的に保護するわけにはいきません。先のケースでも、返済期限後5年経ったとき、BがAに対して自分には返済すべき義務があることを認めれば、その時点で、もはや永続した事実状態（この場合にはAに権利がないような状態）があるとはいえません。この場合には、この時点から再び時効期間が開始し、その後さらに10年経てば時効が完成します。このように、ある事実状態の継続を断つ原因を時効の中断事由といいます。時効の完成を断ち切るものである以上、こうした中断事由は明瞭なものでなければならず、民法は中断事由として①裁判上の請求、②差押、仮差押又は仮処分、③債務者の承認の3種類を挙げています（民法147条）。

4　時効と除斥期間

　時効に類似する制度として「除斥期間」があります。たとえば、売買の対象となった物に気づかないキズ（瑕疵）があった場合、損害賠償が請求できますが、この損害賠償は1年以内に行使しなければ自動的に消滅します。つまり、除斥期間はある一定の期間権利を行使しなければ、権利が消滅してしまう点で時効に類似していますが、中断はありませんし、援用も不要です。

5　時効の効果

　時効によって利益を得た場合、つまり時効が完成してそれが援用されると、法律上時効期間が開始した時点に遡って効果が生じます（民法144条）。消滅時効であれば、期間のはじめから権利がなかったと扱われ、取得時効であれば期間のはじめから権利があったと扱われることになります。そしてこの期間開始の時点は、消滅時効なら、権利を行使しようと思えば行使できる時点であり、取得時効なら占有開始の時点です。

参 考 資 料

〔法律〕
○建築士法（抄）

〔昭和25年5月24日
法　律　第　202　号〕

最終改正：平成23年6月24日法律第74号

第1章　総則

（目的）

第1条　この法律は、建築物の設計、工事監理等を行う技術者の資格を定めて、その業務の適正をはかり、もつて建築物の質の向上に寄与させることを目的とする。

（定義）

第2条　この法律で「建築士」とは、一級建築士、二級建築士及び木造建築士をいう。

2　この法律で「一級建築士」とは、国土交通大臣の免許を受け、一級建築士の名称を用いて、建築物に関し、設計、工事監理その他の業務を行う者をいう。

3　この法律で「二級建築士」とは、都道府県知事の免許を受け、二級建築士の名称を用いて、建築物に関し、設計、工事監理その他の業務を行う者をいう。

4　この法律で「木造建築士」とは、都道府県知事の免許を受け、木造建築士の名称を用いて、木造の建築物に関し、設計、工事監理その他の業務を行う者をいう。

5　この法律で「設計図書」とは建築物の建築工事の実施のために必要な図面（現寸図その他これに類するものを除く。）及び仕様書を、「設計」とはその者の責任において設計図書を作成することをいう。

6　この法律で「構造設計」とは基礎伏図、構造計算書その他の建築物の構造に関する設計図書で国土交通省令で定めるもの（以下「構造設計図書」という。）の設計を、「設備設計」とは建築設備（建築基準法（昭和25年法律第201号）第2条第3号に規定する建築設備をいう。以下同じ。）の各階平面図及び構造詳細図その他の建築設備に関する設計図書で国土交通省令で定めるもの（以下「設備設計図書」という。）の設計をいう。

7　この法律で「工事監理」とは、その者の責任において、工事を設計図書と照合し、それが設計図書のとおりに実施されているかいないかを確認することを

いう。
8 この法律で「大規模の修繕」又は「大規模の模様替」とは、それぞれ建築基準法第2条第14号又は第15号に規定するものをいう。
9 この法律で「延べ面積」、「高さ」、「軒の高さ」又は「階数」とは、それぞれ建築基準法第92条の規定により定められた算定方法によるものをいう。

(職責)
第2条の2　建築士は、常に品位を保持し、業務に関する法令及び実務に精通して、建築物の質の向上に寄与するように、公正かつ誠実にその業務を行わなければならない。

(一級建築士でなければできない設計又は工事監理)
第3条　左の各号に掲げる建築物(建築基準法第85条第1項又は第2項に規定する応急仮設建築物を除く。以下この章中同様とする。)を新築する場合においては、一級建築士でなければ、その設計又は工事監理をしてはならない。
　一　学校、病院、劇場、映画館、観覧場、公会堂、集会場(オーデイトリアムを有しないものを除く。)又は百貨店の用途に供する建築物で、延べ面積が500平方メートルをこえるもの
　二　木造の建築物又は建築物の部分で、高さが13メートル又は軒の高さが9メートルを超えるもの
　三　鉄筋コンクリート造、鉄骨造、石造、れ、ん、瓦造、コンクリートブロック造若しくは無筋コンクリート造の建築物又は建築物の部分で、延べ面積が300平方メートル、高さが13メートル又は軒の高さが9メートルをこえるもの
　四　延べ面積が1,000平方メートルをこえ、且つ、階数が二以上の建築物
2　建築物を増築し、改築し、又は建築物の大規模の修繕若しくは大規模の模様替をする場合においては、当該増築、改築、修繕又は模様替に係る部分を新築するものとみなして前項の規定を適用する。

(一級建築士又は二級建築士でなければできない設計又は工事監理)
第3条の2　前条第1項各号に掲げる建築物以外の建築物で、次の各号に掲げるものを新築する場合においては、一級建築士又は二級建築士でなければ、その設計又は工事監理をしてはならない。
　一　前条第1項第3号に掲げる構造の建築物又は建築物の部分で、延べ面積が30平方メートルを超えるもの
　二　延べ面積が100平方メートル(木造の建築物にあつては、300平方メート

ル）を超え、又は階数が三以上の建築物
2　前条第2項の規定は、前項の場合に準用する。
3　都道府県は、土地の状況により必要と認める場合においては、第1項の規定にかかわらず、条例で、区域又は建築物の用途を限り、同項各号に規定する延べ面積（木造の建築物に係るものを除く。）を別に定めることができる。
（一級建築士、二級建築士又は木造建築士でなければできない設計又は工事監理）
第3条の3　前条第1項第2号に掲げる建築物以外の木造の建築物で、延べ面積が100平方メートルを超えるものを新築する場合においては、一級建築士、二級建築士又は木造建築士でなければ、その設計又は工事監理をしてはならない。
2　第3条第2項及び前条第3項の規定は、前項の場合に準用する。この場合において、同条第3項中「同項各号に規定する延べ面積（木造の建築物に係るものを除く。）」とあるのは、「次条第1項に規定する延べ面積」と読み替えるものとする。
（建築士の免許）
第4条　一級建築士になろうとする者は、国土交通大臣の行う一級建築士試験に合格し、国土交通大臣の免許を受けなければならない。
2　二級建築士又は木造建築士になろうとする者は、それぞれ都道府県知事の行う二級建築士試験又は木造建築士試験に合格し、その都道府県知事の免許を受けなければならない。
3　外国の建築士免許を受けた者で、一級建築士になろうとする者にあつては国土交通大臣が、二級建築士又は木造建築士になろうとする者にあつては都道府県知事が、それぞれ一級建築士又は二級建築士若しくは木造建築士と同等以上の資格を有すると認めるものは、前二項の試験を受けないで、一級建築士又は二級建築士若しくは木造建築士の免許を受けることができる。
（免許の登録）
第5条　一級建築士、二級建築士又は木造建築士の免許は、それぞれ一級建築士名簿、二級建築士名簿又は木造建築士名簿に登録することによつて行う。
2　国土交通大臣又は都道府県知事は、一級建築士又は二級建築士若しくは木造建築士の免許を与えたときは、それぞれ一級建築士免許証又は二級建築士免許証若しくは木造建築士免許証を交付する。
3　一級建築士、二級建築士又は木造建築士は、第9条第1項又は第10条第1項の規定によりその免許を取り消されたときは、速やかに、一級建築士にあつて

は一級建築士免許証を国土交通大臣に、二級建築士又は木造建築士にあつては二級建築士免許証又は木造建築士免許証をその交付を受けた都道府県知事に返納しなければならない。
4　一級建築士の免許を受けようとする者は、登録免許税法（昭和42年法律第35号）の定めるところにより登録免許税を国に納付しなければならない。
5　一級建築士免許証の書換え交付又は再交付を受けようとする者は、実費を勘案して政令で定める額の手数料を国に納付しなければならない。

（住所等の届出）
第5条の2　一級建築士、二級建築士又は木造建築士は、一級建築士免許証、二級建築士免許証又は木造建築士免許証の交付の日から30日以内に、住所その他の国土交通省令で定める事項を、一級建築士にあつては国土交通大臣に、二級建築士又は木造建築士にあつては免許を受けた都道府県知事及び住所地の都道府県知事に届け出なければならない。
2　一級建築士、二級建築士又は木造建築士は、前項の国土交通省令で定める事項に変更があつたときは、その日から30日以内に、その旨を、一級建築士にあつては国土交通大臣に、二級建築士又は木造建築士にあつては免許を受けた都道府県知事及び住所地の都道府県知事（都道府県の区域を異にして住所を変更したときは、変更前の住所地の都道府県知事）に届け出なければならない。
3　前項に規定するもののほか、都道府県の区域を異にして住所を変更した二級建築士又は木造建築士は、同項の期間内に第1項の国土交通省令で定める事項を変更後の住所地の都道府県知事に届け出なければならない。

（名簿）
第6条　一級建築士名簿は国土交通省に、二級建築士名簿及び木造建築士名簿は都道府県に、これを備える。
2　国土交通大臣は一級建築士名簿を、都道府県知事は二級建築士名簿及び木造建築士名簿を、それぞれ一般の閲覧に供しなければならない。

（絶対的欠格事由）
第7条　次の各号のいずれかに該当する者には、一級建築士、二級建築士又は木造建築士の免許を与えない。
　一　未成年者
　二　成年被後見人又は被保佐人
　三　禁錮以上の刑に処せられ、その刑の執行を終わり、又は執行を受けることがなくなつた日から五年を経過しない者

四　この法律の規定に違反して、又は建築物の建築に関し罪を犯して罰金の刑に処せられ、その刑の執行を終わり、又は執行を受けることがなくなつた日から5年を経過しない者

五　第9条第1項第4号又は第10条第1項の規定により免許を取り消され、その取消しの日から起算して5年を経過しない者

六　第10条第1項の規定による業務の停止の処分を受け、その停止の期間中に第9条第1項第1号の規定によりその免許が取り消され、まだその期間が経過しない者

（相対的欠格事由）

第8条　次の各号のいずれかに該当する者には、一級建築士、二級建築士又は木造建築士の免許を与えないことができる。

一　禁錮以上の刑に処せられた者（前条第3号に該当する者を除く。）

二　この法律の規定に違反して、又は建築物の建築に関し罪を犯して罰金の刑に処せられた者（前条第4号に該当する者を除く。）

（建築士の死亡等の届出）

第8条の2　一級建築士、二級建築士又は木造建築士が次の各号に掲げる場合のいずれかに該当することとなつたときは、当該各号に定める者は、その日（第1号の場合にあつては、その事実を知つた日）から30日以内に、その旨を、一級建築士にあつては国土交通大臣に、二級建築士又は木造建築士にあつては免許を受けた都道府県知事に届け出なければならない。

一　死亡したとき　その相続人

二　第7条第2号に該当するに至つたとき　その後見人又は保佐人

三　第7条第3号又は第4号に該当するに至つたとき　本人

（免許の取消し）

第9条　国土交通大臣又は都道府県知事は、その免許を受けた一級建築士又は二級建築士若しくは木造建築士が次の各号のいずれかに該当する場合においては、当該一級建築士又は二級建築士若しくは木造建築士の免許を取り消さなければならない。

一　本人から免許の取消しの申請があつたとき。

二　前条の規定による届出があつたとき。

三　前条の規定による届出がなくて同条各号に掲げる場合のいずれかに該当する事実が判明したとき。

四　虚偽又は不正の事実に基づいて免許を受けたことが判明したとき。

五　第13条の2第1項又は第2項の規定により一級建築士試験、二級建築士試験又は木造建築士試験の合格の決定を取り消されたとき。
2　国土交通大臣又は都道府県知事は、前項の規定により免許を取り消したときは、国土交通省令で定めるところにより、その旨を公告しなければならない。
（懲戒）
第10条　国土交通大臣又は都道府県知事は、その免許を受けた一級建築士又は二級建築士若しくは木造建築士が次の各号のいずれかに該当する場合においては、当該一級建築士又は二級建築士若しくは木造建築士に対し、戒告し、若しくは1年以内の期間を定めて業務の停止を命じ、又はその免許を取り消すことができる。
　一　この法律若しくは建築物の建築に関する他の法律又はこれらに基づく命令若しくは条例の規定に違反したとき。
　二　業務に関して不誠実な行為をしたとき。
2　国土交通大臣又は都道府県知事は、前項の規定により業務の停止を命じようとするときは、行政手続法（平成5年法律第88号）第13条第1項の規定による意見陳述のための手続の区分にかかわらず、聴聞を行わなければならない。
3　第1項の規定による処分に係る聴聞の主宰者は、必要があると認めるときは、参考人の出頭を求め、その意見を聴かなければならない。
4　国土交通大臣又は都道府県知事は、第1項の規定により、業務の停止を命じ、又は免許を取り消そうとするときは、それぞれ中央建築士審査会又は都道府県建築士審査会の同意を得なければならない。
5　国土交通大臣又は都道府県知事は、第1項の規定による処分をしたときは、国土交通省令で定めるところにより、その旨を公告しなければならない。
6　国土交通大臣又は都道府県知事は、第3項の規定により出頭を求めた参考人に対して、政令の定めるところにより、旅費、日当その他の費用を支給しなければならない。
第11条～第17条　〔略〕
（設計及び工事監理）
第18条　建築士は、設計を行う場合においては、設計に係る建築物が法令又は条例の定める建築物に関する基準に適合するようにしなければならない。
2　建築士は、設計を行う場合においては、設計の委託者に対し、設計の内容に関して適切な説明を行うように努めなければならない。
3　建築士は、工事監理を行う場合において、工事が設計図書のとおりに実施さ

れていないと認めるときは、直ちに、工事施工者に対して、その旨を指摘し、当該工事を設計図書のとおりに実施するよう求め、当該工事施工者がこれに従わないときは、その旨を建築主に報告しなければならない。

（設計の変更）

第19条　一級建築士、二級建築士又は木造建築士は、他の一級建築士、二級建築士又は木造建築士の設計した設計図書の一部を変更しようとするときは、当該一級建築士、二級建築士又は木造建築士の承諾を求めなければならない。ただし、承諾を求めることのできない事由があるとき、又は承諾が得られなかつたときは、自己の責任において、その設計図書の一部を変更することができる。

（業務に必要な表示行為）

第20条　一級建築士、二級建築士又は木造建築士は、設計を行つた場合においては、その設計図書に一級建築士、二級建築士又は木造建築士である旨の表示をして記名及び押印をしなければならない。設計図書の一部を変更した場合も同様とする。

2　一級建築士、二級建築士又は木造建築士は、構造計算によつて建築物の安全性を確かめた場合においては、遅滞なく、国土交通省令で定めるところにより、その旨の証明書を設計の委託者に交付しなければならない。ただし、次条第1項又は第2項の規定の適用がある場合は、この限りでない。

3　建築士は、工事監理を終了したときは、直ちに、国土交通省令で定めるところにより、その結果を文書で建築主に報告しなければならない。

4　建築士は、前項の規定による文書での報告に代えて、政令で定めるところにより、当該建築主の承諾を得て、当該結果を電子情報処理組織を使用する方法その他の情報通信の技術を利用する方法であつて国土交通省令で定めるものにより報告することができる。この場合において、当該建築士は、当該文書での報告をしたものとみなす。

5　建築士は、大規模の建築物その他の建築物の建築設備に係る設計又は工事監理を行う場合において、建築設備に関する知識及び技能につき国土交通大臣が定める資格を有する者の意見を聴いたときは、第1項の規定による設計図書又は第3項の規定による報告書（前項前段に規定する方法により報告が行われた場合にあつては、当該報告の内容）において、その旨を明らかにしなければならない。

（構造設計に関する特例）

第20条の2　構造設計一級建築士は、第3条第1項に規定する建築物のうち建築

基準法第20条第1号又は第2号に掲げる建築物に該当するものの構造設計を行つた場合においては、前条第1項の規定によるほか、その構造設計図書に構造設計一級建築士である旨の表示をしなければならない。構造設計図書の一部を変更した場合も同様とする。

2 構造設計一級建築士以外の一級建築士は、前項の建築物の構造設計を行つた場合においては、国土交通省令で定めるところにより、構造設計一級建築士に当該構造設計に係る建築物が建築基準法第20条(第1号又は第2号に係る部分に限る。)の規定及びこれに基づく命令の規定(以下「構造関係規定」という。)に適合するかどうかの確認を求めなければならない。構造設計図書の一部を変更した場合も同様とする。

3 構造設計一級建築士は、前項の規定により確認を求められた場合において、当該建築物が構造関係規定に適合することを確認したとき又は適合することを確認できないときは、当該構造設計図書にその旨を記載するとともに、構造設計一級建築士である旨の表示をして記名及び押印をしなければならない。

4 構造設計一級建築士は、第2項の規定により確認を求めた一級建築士から請求があつたときは、構造設計一級建築士証を提示しなければならない。

(設備設計に関する特例)

第20条の3 設備設計一級建築士は、階数が3以上で床面積の合計が5,000平方メートルを超える建築物の設備設計を行つた場合においては、第20条第1項の規定によるほか、その設備設計図書に設備設計一級建築士である旨の表示をしなければならない。設備設計図書の一部を変更した場合も同様とする。

2 設備設計一級建築士以外の一級建築士は、前項の建築物の設備設計を行つた場合においては、国土交通省令で定めるところにより、設備設計一級建築士に当該設備設計に係る建築物が建築基準法第28条第3項、第28条の2第3号(換気設備に係る部分に限る。)、第32条から第34条まで、第35条(消火栓、スプリンクラー、貯水槽その他の消火設備、排煙設備及び非常用の照明装置に係る部分に限る。)及び第36条(消火設備、避雷設備及び給水、排水その他の配管設備の設置及び構造並びに煙突及び昇降機の構造に係る部分に限る。)の規定並びにこれらに基づく命令の規定(以下「設備関係規定」という。)に適合するかどうかの確認を求めなければならない。設備設計図書の一部を変更した場合も同様とする。

3 設備設計一級建築士は、前項の規定により確認を求められた場合において、当該建築物が設備関係規定に適合することを確認したとき又は適合することを

確認できないときは、当該設備設計図書にその旨を記載するとともに、設備設計一級建築士である旨の表示をして記名及び押印をしなければならない。
4　設備設計一級建築士は、第2項の規定により確認を求めた一級建築士から請求があつたときは、設備設計一級建築士証を提示しなければならない。

（その他の業務）
第21条　建築士は、設計（第20条の2第2項又は前条第2項の確認を含む。第22条及び第23条第1項において同じ。）及び工事監理を行うほか、建築工事契約に関する事務、建築工事の指導監督、建築物に関する調査又は鑑定及び建築物の建築に関する法令又は条例の規定に基づく手続の代理その他の業務（木造建築士にあつては、木造の建築物に関する業務に限る。）を行うことができる。ただし、他の法律においてその業務を行うことが制限されている事項については、この限りでない。

（非建築士等に対する名義貸しの禁止）
第21条の2　建築士は、次の各号のいずれかに該当する者に自己の名義を利用させてはならない。
　一　第3条第1項（同条第2項の規定により適用される場合を含む。第26条第2項第6号から第8号までにおいて同じ。）、第3条の2第1項（同条第2項において準用する第3条第2項の規定により適用される場合を含む。第26条第2項第6号から第8号までにおいて同じ。）、第3条の3第1項（同条第2項において準用する第3条第2項の規定により適用される場合を含む。第26条第2項第8号において同じ。）又は第34条の規定に違反する者
　二　第3条の2第3項（第3条の3第2項において読み替えて準用する場合を含む。）の規定に基づく条例の規定に違反する者

（違反行為の指示等の禁止）
第21条の3　建築士は、建築基準法の定める建築物に関する基準に適合しない建築物の建築その他のこの法律若しくは建築物の建築に関する他の法律又はこれらに基づく命令若しくは条例の規定に違反する行為について指示をし、相談に応じ、その他これらに類する行為をしてはならない。

（信用失墜行為の禁止）
第21条の4　建築士は、建築士の信用又は品位を害するような行為をしてはならない。

（知識及び技能の維持向上）
第22条　建築士は、設計及び工事監理に必要な知識及び技能の維持向上に努めな

ければならない。
2　国土交通大臣及び都道府県知事は、設計及び工事監理に必要な知識及び技能の維持向上を図るため、必要な情報及び資料の提供その他の措置を講ずるものとする。

(定期講習)

第22条の2　次の各号に掲げる建築士は、3年以上5年以内において国土交通省令で定める期間ごとに、次条第1項の規定及び同条第2項において準用する第10条の23から第10条の25までの規定の定めるところにより国土交通大臣の登録を受けた者（次条において「登録講習機関」という。）が行う当該各号に定める講習を受けなければならない。
　一　一級建築士（第23条第1項の建築士事務所に属するものに限る。）　別表第二（一）の項講習の欄に掲げる講習
　二　二級建築士（第23条第1項の建築士事務所に属するものに限る。）　別表第二（二）の項講習の欄に掲げる講習
　三　木造建築士（第23条第1項の建築士事務所に属するものに限る。）　別表第二（三）の項講習の欄に掲げる講習
　四　構造設計一級建築士　別表第2（四）の項講習の欄に掲げる講習
　五　設備設計一級建築士　別表第2（五）の項講習の欄に掲げる講習

(登録)

第23条　一級建築士、二級建築士若しくは木造建築士又はこれらの者を使用する者は、他人の求めに応じ報酬を得て、設計、工事監理、建築工事契約に関する事務、建築工事の指導監督、建築物に関する調査若しくは鑑定又は建築物の建築に関する法令若しくは条例の規定に基づく手続の代理（木造建築士又は木造建築士を使用する者（木造建築士のほかに、一級建築士又は二級建築士を使用する者を除く。）にあつては、木造の建築物に関する業務に限る。以下「設計等」という。）を業として行おうとするときは、一級建築士事務所、二級建築士事務所又は木造建築士事務所を定めて、その建築士事務所について、都道府県知事の登録を受けなければならない。
2　前項の登録の有効期間は、登録の日から起算して5年とする。
3　第1項の登録の有効期間の満了後、引き続き、他人の求めに応じ報酬を得て、設計等を業として行おうとする者は、その建築士事務所について更新の登録を受けなければならない。

(登録の申請)

第23条の2　前条第1項又は第3項の規定により建築士事務所について登録を受けようとする者（以下「登録申請者」という。）は、次に掲げる事項を記載した登録申請書をその建築士事務所の所在地を管轄する都道府県知事に提出しなければならない。
一　建築士事務所の名称及び所在地
二　一級建築士事務所、二級建築士事務所又は木造建築士事務所の別
三　登録申請者が個人である場合はその氏名、法人である場合はその名称及び役員（業務を執行する社員、取締役、執行役又はこれらに準ずる者をいう。以下この章において同じ。）の氏名
四　第24条第2項に規定する管理建築士の氏名及びその者の一級建築士、二級建築士又は木造建築士の別
五　前各号に掲げるもののほか、国土交通省令で定める事項

（登録の実施）
第23条の3　都道府県知事は、前条の規定による登録の申請があつた場合においては、次条の規定により登録を拒否する場合を除くほか、遅滞なく、前条各号に掲げる事項及び登録年月日、登録番号その他国土交通省令で定める事項を一級建築士事務所登録簿、二級建築士事務所登録簿又は木造建築士事務所登録簿（以下「登録簿」という。）に登録しなければならない。
2　都道府県知事は、前項の規定による登録をした場合においては、直ちにその旨を当該登録申請者に通知しなければならない。

（登録の拒否）
第23条の4　都道府県知事は、登録申請者が次の各号のいずれかに該当する場合又は登録申請書に重要な事項についての虚偽の記載があり、若しくは重要な事実の記載が欠けている場合においては、その登録を拒否しなければならない。
一　破産手続開始の決定を受けて復権を得ない者
二　第7条第2号から第5号までのいずれかに該当する者
三　第26条第1項又は第2項の規定により建築士事務所について登録を取り消され、その取消しの日から起算して5年を経過しない者（当該登録を取り消された者が法人である場合においては、その取消しの原因となつた事実があつた日以前1年内にその法人の役員であつた者でその取消しの日から起算して5年を経過しないもの）
四　第26条第2項の規定により建築士事務所の閉鎖の命令を受け、その閉鎖の期間が経過しない者（当該命令を受けた者が法人である場合においては、当

該命令の原因となつた事実があつた日以前 1 年内にその法人の役員であつた者でその閉鎖の期間が経過しないもの）
　五　営業に関し成年者と同一の行為能力を有しない未成年者でその法定代理人（法定代理人が法人である場合においては、その役員を含む。）が前各号のいずれかに該当するもの
　六　法人でその役員のうちに第 1 号から第 4 号までのいずれかに該当する者のあるもの
　七　建築士事務所について第24条第 1 項及び第 2 項に規定する要件を欠く者
2　都道府県知事は、登録申請者が次の各号のいずれかに該当する場合は、その登録を拒否することができる。
　一　第 8 条各号のいずれかに該当する者
　二　営業に関し成年者と同一の行為能力を有しない未成年者でその法定代理人（法定代理人が法人である場合においては、その役員を含む。）が前号に該当するもの
　三　法人でその役員のうちに第 1 号に該当する者のあるもの
3　都道府県知事は、前 2 項の規定により登録を拒否した場合においては、遅滞なく、その理由を記載した文書をもつて、その旨を当該登録申請者に通知しなければならない。

（変更の届出）

第23条の 5　第23条の 3 第 1 項の規定により建築士事務所について登録を受けた者（以下「建築士事務所の開設者」という。）は、第23条の 2 第 1 号又は第 3 号から第 5 号までに掲げる事項について変更があつたときは、2 週間以内に、その旨を当該都道府県知事に届け出なければならない。
2　第23条の 3 第 1 項及び前条の規定は、前項の規定による変更の届出があつた場合に準用する。

（設計等の業務に関する報告書）

第23条の 6　建築士事務所の開設者は、国土交通省令で定めるところにより、事業年度ごとに、次に掲げる事項を記載した設計等の業務に関する報告書を作成し、毎事業年度経過後 3 月以内に当該建築士事務所に係る登録をした都道府県知事に提出しなければならない。
　一　当該事業年度における当該建築士事務所の業務の実績の概要
　二　当該建築士事務所に属する建築士の氏名
　三　前号の建築士の当該事業年度における業務の実績（当該建築士事務所にお

けるものに限る。)
　四　前3号に掲げるもののほか、国土交通省令で定める事項
(廃業等の届出)
第23条の7　建築士事務所の開設者が次の各号に掲げる場合のいずれかに該当することとなつたときは、当該各号に定める者は、その日(第2号の場合にあつては、その事実を知つた日)から30日以内に、その旨を当該建築士事務所に係る登録をした都道府県知事に届け出なければならない。
　一　その登録に係る建築士事務所の業務を廃止したとき　建築士事務所の開設者であつた者
　二　死亡したとき　その相続人
　三　破産手続開始の決定があつたとき　その破産管財人
　四　法人が合併により解散したとき　その法人を代表する役員であつた者
　五　法人が破産手続開始の決定又は合併以外の事由により解散したとき　その清算人
(登録の抹消)
第23条の8　都道府県知事は、次の各号のいずれかに該当する場合においては、登録簿につき、当該建築士事務所に係る登録を抹消しなければならない。
　一　前条の規定による届出があつたとき。
　二　第23条第1項の登録の有効期間の満了の際更新の登録の申請がなかつたとき。
　三　第26条第1項又は第2項の規定により登録を取り消したとき。
2　第23条の3第2項の規定は、前項の規定により登録を抹消した場合に準用する。
(登録簿等の閲覧)
第23条の9　都道府県知事は、次に掲げる書類を一般の閲覧に供しなければならない。
　一　登録簿
　二　第23条の6の規定により提出された設計等の業務に関する報告書
　三　その他建築士事務所に関する書類で国土交通省令で定めるもの
(無登録業務の禁止)
第23条の10　建築士は、第23条の3第1項の規定による登録を受けないで、他人の求めに応じ報酬を得て、設計等を業として行つてはならない。
2　何人も、第23条の3第1項の規定による登録を受けないで、建築士を使用し

て、他人の求めに応じ報酬を得て、設計等を業として行つてはならない。
(建築士事務所の管理)
第24条　建築士事務所の開設者は、一級建築士事務所、二級建築士事務所又は木造建築士事務所ごとに、それぞれ当該一級建築士事務所、二級建築士事務所又は木造建築士事務所を管理する専任の一級建築士、二級建築士又は木造建築士を置かなければならない。
2　前項の規定により置かれる建築士事務所を管理する建築士(以下「管理建築士」という。)は、建築士として3年以上の設計その他の国土交通省令で定める業務に従事した後、第26条の5第1項の規定及び同条第2項において準用する第10条の23から第10条の25までの規定の定めるところにより国土交通大臣の登録を受けた者(以下この章において「登録講習機関」という。)が行う別表第三講習の欄に掲げる講習の課程を修了した建築士でなければならない。
3　管理建築士は、その建築士事務所の業務に係る技術的事項を総括し、その者と建築士事務所の開設者が異なる場合においては、建築士事務所の開設者に対し、技術的観点からその業務が円滑かつ適正に行われるよう必要な意見を述べるものとする。
(名義貸しの禁止)
第24条の2　建築士事務所の開設者は、自己の名義をもつて、他人に建築士事務所の業務を営ませてはならない。
(再委託の制限)
第24条の3　建築士事務所の開設者は、委託者の許諾を得た場合においても、委託を受けた設計又は工事監理の業務を建築士事務所の開設者以外の者に委託してはならない。
2　建築士事務所の開設者は、委託者の許諾を得た場合においても、委託を受けた設計又は工事監理(いずれも共同住宅その他の多数の者が利用する建築物で政令で定めるものであつて政令で定める規模以上のものの新築工事に係るものに限る。)の業務を、それぞれ一括して他の建築士事務所の開設者に委託してはならない。
(帳簿の備付け等及び図書の保存)
第24条の4　建築士事務所の開設者は、国土交通省令で定めるところにより、その建築士事務所の業務に関する事項で国土交通省令で定めるものを記載した帳簿を備え付け、これを保存しなければならない。
2　前項に定めるもののほか、建築士事務所の開設者は、国土交通省令で定める

ところにより、その建築士事務所の業務に関する図書で国土交通省令で定めるものを保存しなければならない。

(標識の掲示)
第24条の5　建築士事務所の開設者は、その建築士事務所において、公衆の見やすい場所に国土交通省令で定める標識を掲げなければならない。

(書類の閲覧)
第24条の6　建築士事務所の開設者は、国土交通省令で定めるところにより、次に掲げる書類を、当該建築士事務所に備え置き、設計等を委託しようとする者の求めに応じ、閲覧させなければならない。
一　当該建築士事務所の業務の実績を記載した書類
二　当該建築士事務所に属する建築士の氏名及び業務の実績を記載した書類
三　設計等の業務に関し生じた損害を賠償するために必要な金額を担保するための保険契約の締結その他の措置を講じている場合にあつては、その内容を記載した書類
四　その他建築士事務所の業務及び財務に関する書類で国土交通省令で定めるもの

(重要事項の説明等)
第24条の7　建築士事務所の開設者は、設計又は工事監理の委託を受けることを内容とする契約(以下それぞれ「設計受託契約」又は「工事監理受託契約」という。)を建築主と締結しようとするときは、あらかじめ、当該建築主に対し、管理建築士その他の当該建築士事務所に属する建築士(次項において「管理建築士等」という。)をして、設計受託契約又は工事監理受託契約の内容及びその履行に関する次に掲げる事項について、これらの事項を記載した書面を交付して説明をさせなければならない。
一　設計受託契約にあつては、作成する設計図書の種類
二　工事監理受託契約にあつては、工事と設計図書との照合の方法及び工事監理の実施の状況に関する報告の方法
三　当該設計又は工事監理に従事することとなる建築士の氏名及びその者の一級建築士、二級建築士又は木造建築士の別並びにその者が構造設計一級建築士又は設備設計一級建築士である場合にあつては、その旨
四　報酬の額及び支払の時期
五　契約の解除に関する事項
六　前各号に掲げるもののほか、国土交通省令で定める事項

2　管理建築士等は、前項の説明をするときは、当該建築主に対し、一級建築士免許証、二級建築士免許証若しくは木造建築士免許証又は一級建築士免許証明書、二級建築士免許証明書若しくは木造建築士免許証明書を提示しなければならない。

(書面の交付)
第24条の8　建築士事務所の開設者は、設計受託契約又は工事監理受託契約を締結したときは、遅滞なく、国土交通省令で定めるところにより、次に掲げる事項を記載した書面を当該委託者に交付しなければならない。
　一　前条第1項各号に掲げる事項
　二　設計又は工事監理の種類及び内容(前号に掲げる事項を除く。)
　三　設計又は工事監理の実施の期間及び方法(第1号に掲げる事項を除く。)
　四　前3号に掲げるもののほか、設計受託契約又は工事監理受託契約の内容及びその履行に関する事項で国土交通省令で定めるもの
2　第20条第4項の規定は、前項の規定による書面の交付について準用する。この場合において、同条第4項中「建築士」とあるのは「建築士事務所の開設者」と、「建築主」とあるのは「委託者」と、「当該結果」とあるのは「当該書面に記載すべき事項」と、「報告する」とあるのは「通知する」と、「文書での報告をした」とあるのは「書面を交付した」と読み替えるものとする。

(業務の報酬)
第25条　国土交通大臣は、中央建築士審査会の同意を得て、建築士事務所の開設者がその業務に関して請求することのできる報酬の基準を定め、これを勧告することができる。

(監督処分)
第26条　都道府県知事は、建築士事務所の開設者が次の各号のいずれかに該当する場合においては、当該建築士事務所の登録を取り消さなければならない。
　一　虚偽又は不正の事実に基づいて第23条の3第1項の規定による登録を受けたとき。
　二　第23条の4第1項第1号、第2号、第5号(同号に規定する未成年者での法定代理人(法定代理人が法人である場合においては、その役員を含む。)が同項第4号に該当するものに係る部分を除く。)、第6号(法人でその役員のうちに同項第4号に該当する者のあるものに係る部分を除く。)又は第7号のいずれかに該当するに至つたとき。
　三　第23条の7の規定による届出がなくて同条各号に掲げる場合のいずれかに

該当する事実が判明したとき。
2　都道府県知事は、建築士事務所につき次の各号のいずれかに該当する事実がある場合においては、当該建築士事務所の開設者に対し、戒告し、若しくは1年以内の期間を定めて当該建築士事務所の閉鎖を命じ、又は当該建築士事務所の登録を取り消すことができる。
　一　建築士事務所の開設者が第23条の4第2項各号のいずれかに該当するに至つたとき。
　二　建築士事務所の開設者が第23条の5第1項の規定による変更の届出をせず、又は虚偽の届出をしたとき。
　三　建築士事務所の開設者が第24条の2から第24条の8までの規定のいずれかに違反したとき。
　四　管理建築士が第10条第1項の規定による処分を受けたとき。
　五　建築士事務所に属する建築士が、その属する建築士事務所の業務として行つた行為を理由として、第10条第1項の規定による処分を受けたとき。
　六　管理建築士である二級建築士又は木造建築士が、第3条第1項若しくは第3条の2第1項の規定又は同条第3項の規定に基づく条例の規定に違反して、建築物の設計又は工事監理をしたとき。
　七　建築士事務所に属する二級建築士又は木造建築士が、その属する建築士事務所の業務として、第3条第1項若しくは第3条の2第1項の規定又は同条第3項の規定に基づく条例の規定に違反して、建築物の設計又は工事監理をしたとき。
　八　建築士事務所に属する者で建築士でないものが、その属する建築士事務所の業務として、第3条第1項、第3条の2第1項若しくは第3条の3第1項の規定又は第3条の2第3項（第3条の3第2項において読み替えて準用する場合を含む。）の規定に基づく条例の規定に違反して、建築物の設計又は工事監理をしたとき。
　九　建築士事務所の開設者又は管理建築士がこの法律の規定に基づく都道府県知事の処分に違反したとき。
　十　前各号に掲げるもののほか、建築士事務所の開設者がその建築士事務所の業務に関し不正な行為をしたとき。
3　都道府県知事は、前項の規定により建築士事務所の閉鎖を命じようとするときは、行政手続法第13条第1項の規定による意見陳述のための手続の区分にかかわらず、聴聞を行わなければならない。

4　第10条第3項、第4項及び第6項の規定は都道府県知事が第1項若しくは第2項の規定により建築士事務所の登録を取り消し、又は同項の規定により建築士事務所の閉鎖を命ずる場合について、同条第5項の規定は都道府県知事が第1項又は第2項の規定による処分をした場合について、それぞれ準用する。

第26条の2～第37条　〔略〕

第38条　次の各号のいずれかに該当する者は、1年以下の懲役又は100万円以下の罰金に処する。

一　一級建築士、二級建築士又は木造建築士の免許を受けないで、それぞれその業務を行う目的で一級建築士、二級建築士又は木造建築士の名称を用いた者

二　虚偽又は不正の事実に基づいて一級建築士、二級建築士又は木造建築士の免許を受けた者

三　第3条第1項（同条第2項の規定により適用される場合を含む。）、第3条の2第1項（同条第2項において準用する第3条第2項の規定により適用される場合を含む。）若しくは第3条の3第1項（同条第2項において準用する第3条第2項の規定により適用される場合を含む。）の規定又は第3条の2第3項（第3条の3第2項において読み替えて準用する場合を含む。）の規定に基づく条例の規定に違反して、建築物の設計又は工事監理をした者

四　第10条第1項の規定による業務停止命令に違反した者

五　第10条の36第2項（第22条の3第2項及び第26条の5第2項において準用する場合を含む。）の規定による講習事務（第10条の22に規定する講習事務、第22条の3第2項において読み替えて準用する第10条の24第1項第1号に規定する講習事務及び第26条の5第2項において読み替えて準用する第10条の24第1項第1号に規定する講習事務をいう。第41条第5号において同じ。）の停止の命令に違反した者

六　第20条第2項の規定に違反して、構造計算によつて建築物の安全性を確かめた場合でないのに、同項の証明書を交付した者

七　第21条の2の規定に違反した者

八　虚偽又は不正の事実に基づいて第23条の3第1項の規定による登録を受けた者

九　第23条の10第1項又は第2項の規定に違反した者

十　第24条第1項の規定に違反した者

十一　第24条の2の規定に違反して、他人に建築士事務所の業務を営ませた者

十二　第26条第2項の規定による建築士事務所の閉鎖命令に違反した者

十三　第32条の規定に違反して、事前に試験問題を漏らし、又は不正の採点をした者

第39条　次の各号のいずれかに該当する者は、1年以下の懲役又は100万円以下の罰金に処する。

一　第10条の8第1項（第10条の20第3項、第15条の5第1項、第15条の6第3項及び第26条の3第3項において読み替えて準用する場合を含む。）の規定に違反した者

二　第15条の4（第15条の6第3項において準用する場合を含む。）の規定に違反して、不正の採点をした者

第40条　第10条の16第2項（第10条の20第3項、第15条の5第1項、第15条の6第3項及び第26条の3第3項において読み替えて準用する場合を含む。）の規定による一級建築士登録等事務、二級建築士等登録事務、一級建築士試験事務、二級建築士等試験事務又は事務所登録等事務の停止の命令に違反したときは、その違反行為をした中央指定登録機関、都道府県指定登録機関、中央指定試験機関、都道府県指定試験機関又は指定事務所登録機関の役員又は職員（第42条において「中央指定登録機関等の役員等」という。）は、一年以下の懲役又は100万円以下の罰金に処する。

第41条　次の各号のいずれかに該当する者は、30万円以下の罰金に処する。

一　第10条の31（第22条の3第2項及び第26条の5第2項において準用する場合を含む。）の規定に違反して、帳簿を備え付けず、帳簿に記載せず、若しくは帳簿に虚偽の記載をし、又は帳簿を保存しなかつた者

二　第10条の34第1項（第22条の3第2項及び第26条の5第2項において準用する場合を含む。以下この条において同じ。）の規定による報告をせず、又は虚偽の報告をした者

三　第10条の34第1項の規定による検査を拒み、妨げ、又は忌避した者

四　第10条の34第1項の規定による質問に対して答弁せず、又は虚偽の答弁をした者

五　第10条の35第1項（第22条の3第2項及び第26条の5第2項において準用する場合を含む。）の規定による届出をしないで講習事務の全部を廃止し、又は虚偽の届出をした者

六　第23条の5第1項の規定による変更の届出をせず、又は虚偽の届出をした者

七　第23条の6の規定に違反して、設計等の業務に関する報告書を提出せず、又は虚偽の記載をして設計等の業務に関する報告書を提出した者
八　第24条の4第1項の規定に違反して、帳簿を備え付けず、帳簿に記載せず、若しくは帳簿に虚偽の記載をし、又は帳簿を保存しなかつた者
九　第24条の4第2項の規定に違反して、図書を保存しなかつた者
十　第24条の5の規定に違反して、標識を掲げなかつた者
十一　第24条の6の規定に違反して、書類を備え置かず、若しくは設計等を委託しようとする者の求めに応じて閲覧させず、又は虚偽の記載のある書類を備え置き、若しくは設計等を委託しようとする者に閲覧させた者
十二　第24条の8第1項の規定に違反して、書面を交付せず、又は虚偽の記載のある書面を交付した者
十三　第26条の2第1項の規定による報告をせず、若しくは虚偽の報告をし、又は同項の規定による立入り若しくは検査を拒み、妨げ、若しくは忌避した者
十四　第27条の4第2項の規定に違反して、その名称中に建築士事務所協会会員という文字を用いた者
十五　第34条の規定に違反した者（第38条第1号に該当する者を除く。）

第42条　次の各号のいずれかに該当するときは、その違反行為をした中央指定登録機関等の役員等は、30万円以下の罰金に処する。
一　第10条の11（第10条の20第3項、第15条の5第1項、第15条の6第3項及び第26条の3第3項において読み替えて準用する場合を含む。）の規定に違反して、帳簿を備え付けず、帳簿に記載せず、若しくは帳簿に虚偽の記載をし、又は帳簿を保存しなかつたとき。
二　第10条の13第1項（第10条の20第3項、第15条の5第1項、第15条の6第3項及び第26条の3第3項において読み替えて準用する場合を含む。以下この条において同じ。）の規定による報告をせず、又は虚偽の報告をしたとき。
三　第10条の13第1項の規定による検査を拒み、妨げ、又は忌避したとき。
四　第10条の13第1項の規定による質問に対して答弁せず、又は虚偽の答弁をしたとき。
五　第10条の15第1項（第10条の20第3項、第15条の5第1項、第15条の6第3項及び第26条の3第3項において読み替えて準用する場合を含む。）の許可を受けないで一級建築士登録等事務、二級建築士等登録事務、一級建築士試験事務、二級建築士等試験事務又は事務所登録等事務の全部を廃止したと

き。

第43条 法人の代表者又は法人若しくは人の代理人、使用人その他の従業者が、その法人又は人の業務に関し、第38条（第13号を除く。）又は第41条の違反行為をしたときは、その行為者を罰するほか、その法人又は人に対しても各本条の罰金刑を科する。

第44条 次の各号のいずれかに該当する者は、10万円以下の過料に処する。

一 第５条第３項（第10条の19第１項及び第10条の21第１項の規定により読み替えて適用される場合を含む。）、第８条の２、第10条の２第４項（第10条の19第１項の規定により読み替えて適用される場合を含む。）、第23条の７（第26条の４第１項の規定により読み替えて適用される場合を含む。）又は第24条の７第２項の規定に違反した者

二 第10条の27第２項（第22条の３第２項及び第26条の５第２項において準用する場合を含む。）の規定による届出をせず、又は虚偽の届出をした者

三 第10条の30第１項（第22条の３第２項及び第26条の５第２項において準用する場合を含む。）の規定に違反して、財務諸表等を備えて置かず、財務諸表等に記載すべき事項を記載せず、若しくは虚偽の記載をし、又は正当な理由がないのに第10条の30第２項各号（第22条の３第２項及び第26条の５第２項において準用する場合を含む。）の請求を拒んだ者

四 第27条の４第１項の規定に違反して、その名称中に建築士事務所協会又は建築士事務所協会連合会という文字を用いた者

〔法律〕
○建設業法（抄）

〔昭和24年5月24日〕
〔法律第100号〕

最終改正：平成24年8月1日法律第53号

（建設工事の請負契約の内容）
第19条　建設工事の請負契約の当事者は、前条の趣旨に従つて、契約の締結に際して次に掲げる事項を書面に記載し、署名又は記名押印をして相互に交付しなければならない。
一　工事内容
二　請負代金の額
三　工事着手の時期及び工事完成の時期
四　請負代金の全部又は一部の前金払又は出来形部分に対する支払の定めをするときは、その支払の時期及び方法
五　当事者の一方から設計変更又は工事着手の延期若しくは工事の全部若しくは一部の中止の申出があつた場合における工期の変更、請負代金の額の変更又は損害の負担及びそれらの額の算定方法に関する定め
六　天災その他不可抗力による工期の変更又は損害の負担及びその額の算定方法に関する定め
七　価格等（物価統制令（昭和21年勅令第118号）第2条に規定する価格等をいう。）の変動若しくは変更に基づく請負代金の額又は工事内容の変更
八　工事の施工により第三者が損害を受けた場合における賠償金の負担に関する定め
九　注文者が工事に使用する資材を提供し、又は建設機械その他の機械を貸与するときは、その内容及び方法に関する定め
十　注文者が工事の全部又は一部の完成を確認するための検査の時期及び方法並びに引渡しの時期
十一　工事完成後における請負代金の支払の時期及び方法
十二　工事の目的物の瑕疵を担保すべき責任又は当該責任の履行に関して講ずべき保証保険契約の締結その他の措置に関する定めをするときは、その内容
十三　各当事者の履行の遅滞その他債務の不履行の場合における遅延利息、違

約金その他の損害金
　十四　契約に関する紛争の解決方法
2　請負契約の当事者は、請負契約の内容で前項に掲げる事項に該当するものを変更するときは、その変更の内容を書面に記載し、署名又は記名押印をして相互に交付しなければならない。
3　建設工事の請負契約の当事者は、前２項の規定による措置に代えて、政令で定めるところにより、当該契約の相手方の承諾を得て、電子情報処理組織を使用する方法その他の情報通信の技術を利用する方法であつて、当該各項の規定による措置に準ずるものとして国土交通省令で定めるものを講ずることができる。この場合において、当該国土交通省令で定める措置を講じた者は、当該各項の規定による措置を講じたものとみなす。

（一括下請負の禁止）
第22条　建設業者は、その請け負つた建設工事を、いかなる方法をもつてするかを問わず、一括して他人に請け負わせてはならない。
2　建設業を営む者は、建設業者から当該建設業者の請け負つた建設工事を一括して請け負つてはならない。
3　前２項の建設工事が多数の者が利用する施設又は工作物に関する重要な建設工事で政令で定めるもの以外の建設工事である場合において、当該建設工事の元請負人があらかじめ発注者の書面による承諾を得たときは、これらの規定は、適用しない。
4　発注者は、前項の規定による書面による承諾に代えて、政令で定めるところにより、同項の元請負人の承諾を得て、電子情報処理組織を使用する方法その他の情報通信の技術を利用する方法であつて国土交通省令で定めるものにより、同項の承諾をする旨の通知をすることができる。この場合において、当該発注者は、当該書面による承諾をしたものとみなす。

（建設工事紛争審査会の設置）
第25条　建設工事の請負契約に関する紛争の解決を図るため、建設工事紛争審査会を設置する。
2　建設工事紛争審査会（以下「審査会」という。）は、この法律の規定により、建設工事の請負契約に関する紛争（以下「紛争」という。）につきあつせん、調停及び仲裁（以下「紛争処理」という。）を行う権限を有する。
3　審査会は、中央建設工事紛争審査会（以下「中央審査会」という。）及び都道府県建設工事紛争審査会（以下「都道府県審査会」という。）とし、中央審

査会は、国土交通省に、都道府県審査会は、都道府県に置く。
(主任技術者及び監理技術者の設置等)
第26条　建設業者は、その請け負つた建設工事を施工するときは、当該建設工事に関し第7条第2号イ、ロ又はハに該当する者で当該工事現場における建設工事の施工の技術上の管理をつかさどるもの（以下「主任技術者」という。）を置かなければならない。

2　発注者から直接建設工事を請け負つた特定建設業者は、当該建設工事を施工するために締結した下請契約の請負代金の額（当該下請契約が2以上あるときは、それらの請負代金の額の総額）が第3条第1項第2号の政令で定める金額以上になる場合においては、前項の規定にかかわらず、当該建設工事に関し第15条第2号イ、ロ又はハに該当する者（当該建設工事に係る建設業が指定建設業である場合にあつては、同号イに該当する者又は同号ハの規定により国土交通大臣が同号イに掲げる者と同等以上の能力を有するものと認定した者）で当該工事現場における建設工事の施工の技術上の管理をつかさどるもの（以下「監理技術者」という。）を置かなければならない。

3　公共性のある施設若しくは工作物又は多数の者が利用する施設若しくは工作物に関する重要な建設工事で政令で定めるものについては、前2項の規定により置かなければならない主任技術者又は監理技術者は、工事現場ごとに、専任の者でなければならない。

4　前項の規定により専任の者でなければならない監理技術者は、第27条の18第1項の規定による監理技術者資格者証の交付を受けている者であつて、第26条の4から第26条の6までの規定により国土交通大臣の登録を受けた講習を受講したもののうちから、これを選任しなければならない。

5　前項の規定により選任された監理技術者は、発注者から請求があつたときは、監理技術者資格者証を提示しなければならない。

〔告示〕
○建築士法（昭和25年法律第202号）第25条の規定に基づき、建築士事務所の開設者がその業務に関して請求することのできる報酬の基準を定める件（抄）

〔平成21年1月7日〕
〔国土交通省告示第15号〕

建築士法（昭和25年法律第202号）第215条の規定に基づき、建築士事務所の開設者がその業務に関して請求することのできる報酬の基準を次のように定める。

第1 業務報酬の算定方法

建築士事務所の開設者が建築物の設計、工事監理、建築工事契約に関する事務又は建築工事の指導監督の業務（以下「設計等の業務」という。）に関して請求することのできる報酬は、複数の建築物について同一の設計図書を用いる場合その他の特別の場合を除き、第2の業務経費、第3の技術料等経費及び消費税に相当する額を合算する方法により算定することを標準とする。

第2 業務経費

業務経費は、次のイからニまでに定めるところによりそれぞれ算定される直接人件費、特別経費、直接経費及び間接経費の合計額とする。この場合において、これらの経費には、課税仕入れの対価に含まれる消費税に相当する額は含まないものとする。

イ 直接人件費

直接人件費は、設計等の業務に直接従事する者のそれぞれについての当該業務に関して必要となる給与、諸手当、賞与、退職給与、法定保険料等の人件費の1日当たりの額に当該業務に従事する延べ日数を乗じて得た額の合計とする。

ロ 特別経費

特別経費は、出張旅費、特許使用料その他の建築主の特別の依頼に基づいて必要となる費用の合計額とする。

ハ 直接経費

直接経費は、印刷製本費、複写費、交通費等設計等の業務に関して直接必要となる費用（ロに定める経費を除く。）の合計額とする。

ニ　間接経費
　　　間接経費は、設計等の業務を行う建築士事務所を管理運営していくために必要な人件費、研究調査費、研修費、減価償却費、通信費、消耗品費等の費用（イからハまでに定める経費を除く。）のうち、当該業務に関して必要となる費用の合計額とする。
第3　技術料等経費
　　技術料等経費は、設計等の業務において発揮される技術力、創造力等の対価として支払われる費用とする。
第4　直接人件費等に関する略算方法による算定
　　業務経費のうち直接人件費並びに直接経費及び間接経費の合計額の算定については、第2のイ、ハ又はニにかかわらず、次のイ又はロに定める算定方法を標準とした略算方法によることができるものとする。ただし、建築物の床面積の合計が、別添二に掲げる建築物の類型ごとに別添三に掲げる床面積の合計の欄に掲げる値のうちの最も小さい値を下回る建築物又は最も大きい値を上回る建築物にあっては、その略算方法によることができないものとする。
　　イ　直接人件費
　　　設計等の業務でその内容が別添一に掲げる標準業務内容であるものに係る直接人件費の算定は、別添二に掲げる建築物の類型に応じて、通常当該業務に従事する者1人について1時間当たりに要する人件費に別添三に掲げる標準業務人・時間数を乗じて算定する方法
　　ロ　直接経費及び間接経費の合計額
　　　直接経費及び間接経費の合計額の算定は、直接人件費の額に1.0を標準とする倍数を乗じて算定する方法
2　前項イに定める算定方法において、標準業務内容のうち一部の業務のみ行う場合は、別添三に掲げる標準業務人・時間数から行われない業務に対応した業務人・時間数を削減することにより算定するものとする。
3　第1項イに定める算定方法において、別添四に掲げる業務内容など標準業務内容に含まれない追加的な業務を行う場合は、別添三に掲げる標準業務人・時間数に当該業務に対応した業務人・時間数を付加することにより算定するものとする。
4　第1項ロに定める算定方法において、直接経費及び間接経費が通常の場合に比べ著しく異なる場合は、乗ずる倍数を調整することにより算定するものとする。

附　則
1　この告示は、公布の日から施行する。
2　昭和54年建設省告示第1206号は、廃止する。

別添一
　標準業務は、設計又は工事監理に必要な情報が提示されている場合に、一般的な設計受託契約又は工事監理受託契約に基づいて、その債務を履行するために行う業務とし、その内容を以下に掲げる。

1　設計に関する標準業務
　一　基本設計に関する標準業務
　　　建築主から提示された要求その他の諸条件を設計条件として整理した上で、建築物の配置計画、平面と空間の構成、各部の寸法や面積、建築物として備えるべき機能、性能、主な使用材料や設備機器の種別と品質、建築物の内外の意匠等を検討し、それらを総合して、別添二第一号から第十二号までに掲げる建築物並びに第十三号及び第十四号に掲げる建築物（木造のものを除く。）にあってはロ(1)に、別添二第十三号及び第十四号に掲げる建築物（木造のものに限る。）並びに第十五号に掲げる建築物にあってはロ(2)に掲げる成果図書を作成するために必要なイに掲げる業務をいう。
　　イ　業務内容

項目		業務内容
(1) 設計条件等の整理	(i) 条件整理	耐震性能や設備機能の水準など建築主から提示されるさまざまな要求その他の諸条件を設計条件として整理する。
	(ii) 設計条件の変更等の場合の協議	建築主から提示される要求の内容が不明確若しくは不適切な場合又は内容に相互矛盾がある場合又は整理した設計条件に変更がある場合においては、建築主に説明を求め又は建築主と協議する。
(2) 法令上の諸条件の調査及び関係機関との打合せ	(i) 法令上の諸条件の調査	基本設計に必要な範囲で、建築物の建築に関する法令及び条例上の制約条件を調査する。
	(ii) 建築確認申請に係る関係機関との打合せ	基本設計に必要な範囲で、建築確認申請を行うために必要な事項について関係機関と事前に打合せを行う。
(3) 上下水道、ガス、電力、通信等の供給状況の調査及び関係機関との打合せ		基本設計に必要な範囲で、敷地に対する上下水道、ガス、電力、通信等の供給状況を調査し、必要に応じて関係機関との打合せを行う。
(4) 基本設計方針の策定	(i) 総合検討	設計条件に基づき、様々な基本設計方針案の検証を通じて、基本設計をまとめていく考え方を総合的に検討し、その上で業務体制、業務工程等を立案する。

	(ii) 基本設計方針の策定及び建築主への説明	総合検討の結果を踏まえ、基本設計方針を策定し、建築主に対して説明する。
(5) 基本設計図書の作成		基本設計方針に基づき、建築主と協議の上、基本設計図書を作成する。
(6) 概算工事費の検討		基本設計図書の作成が完了した時点において、当該基本設計図書に基づく建築工事に通常要する費用を概算し、工事費概算書（工事費内訳明細書、数量調書等を除く。以下同じ。）を作成する。
(7) 基本設計内容の建築主への説明等		基本設計を行っている間、建築主に対して、作業内容や進捗状況を報告し、必要な事項について建築主の意向を確認する。また、基本設計図書の作成が完了した時点において、基本設計図書を建築主に提出し、建築主に対して設計意図（当該設計に係る設計者の考えをいう。以下同じ。）及び基本設計内容の総合的な説明を行う。

ロ　成果図書

(1) 戸建木造住宅以外の建築物に係る成果図書

設計の種類		成果図書
(1) 総合		① 計画説明書 ② 仕様概要書 ③ 仕上概要表 ④ 面積表及び求積図 ⑤ 敷地案内図 ⑥ 配置図 ⑦ 平面図（各階） ⑧ 断面図 ⑨ 立面図 ⑩ 工事費概算書
(2) 構造		① 構造計画説明書 ② 構造設計概要書 ③ 工事費概算書
(3) 設備	(i) 電気設備	① 電気設備計画説明書 ② 電気設備設計概要書 ③ 工事費概算書 ④ 各種技術資料
	(ii) 給排水衛生設備	① 給排水衛生設備計画説明書 ② 給排水衛生設備設計概要書 ③ 工事費概算書 ④ 各種技術資料
	(iii) 空調換気設備	① 空調換気設備計画説明書 ② 空調換気設備設計概要書 ③ 工事費概算書 ④ 各種技術資料
	(iv) 昇降機等	① 昇降機等計画説明書 ② 昇降機等設計概要書 ③ 工事費概算書 ④ 各種技術資料

(注)　1　建築物の計画に応じ、作成されない図書がある場合がある。
　　　2　「総合」とは、建築物の意匠に関する設計並びに意匠、構造及び設備に関する設計をとりまとめる設計を、「構造」とは、建築物の構造に関する設計を、「設備」とは建築物の設備に関する設計をいう。
　　　3　(2)及び(3)に掲げる成果図書は、(1)に掲げる成果図書に含まれる場合がある。
　　　4　「昇降機等」には、機械式駐車場を含む。
　　　5　「計画説明書」には、設計主旨及び計画概要に関する記載を含む。
　　　6　「設計概要書」には、仕様概要及び計画図に関する記載を含む。

(2) 戸建木造住宅に係る成果図書

設計の種類	成果図書
(1) 総合	① 仕様概要書 ② 仕上概要表 ③ 配置図 ④ 平面図（各階） ⑤ 断面図 ⑥ 立面図 ⑦ 工事費概算書
(2) 構造	① 仕様概要書 ② 工事費概算書
(3) 設備	① 仕様概要書 ② 設備位置図　（電気、給排水衛生及び空調換気） ③ 工事費概算書

(注)　1　建築物の計画に応じ、作成されない図書がある場合がある。
　　　2　「総合」とは、建築物の意匠に関する設計並びに意匠、構造及び設備に関する設計をとりまとめる設計を、「構造」とは、建築物の構造に関する設計を、「設備」とは建築物の設備に関する設計をいう。
　　　3　(2)及び(3)に掲げる成果図書は、(1)に掲げる成果図書の中に含まれる場合がある。

二　実施設計に関する標準業務

　　工事施工者が設計図書の内容を正確に読み取り、設計意図に合致した建築物の工事を的確に行うことができるように、また、工事費の適正な見積りができるように、基本設計に基づいて、設計意図をより詳細に具体化し、その結果として、別添二第一号から第十二号までに掲げる建築物並びに第十三号及び第十四号に掲げる建築物（木造のものを除く。）にあってはロ(1)に、別添二第十三号及び第十四号に掲げる建築物（木造のものに限る。）並びに第十五号に掲げる建築物にあってはロ(2)に掲げる成果図書を作成するために必要なイに掲げる業務をいう。

イ　業務内容

項目		業務内容
(1) 要求等の確認	(i) 建築主の要求等の確認	実施設計に先立ち又は実施設計期間中、建築主の要求等を再確認し、必要に応じ、設計条件の修正を行う。
	(ii) 設計条件の変更等の場合の協議	基本設計の段階以降の状況の変化によって、建築主の要求等に変化がある場合、施設の機能、規模、予算等基本的条件に変更が生じる場合又はすでに設定した設計条件を変更する必要がある場合においては、建築主と協議する。
(2) 法令上の諸条件の調査及び関係機関との打合せ	(i) 法令上の諸条件の調査	建築物の建築に関する法令及び条例上の制約条件について、基本設計の内容に即した詳細な調査を行う。
	(ii) 建築確認申請に係る関係機関との打合せ	実施設計に必要な範囲で、建築確認申請を行うために必要な事項について関係機関と事前に打合せを行う。
(3) 実施設計方針の策定	(i) 総合検討	基本設計に基づき、意匠、構造及び設備の各要素について検討し、必要に応じて業務体制、業務工程等を変更する。
	(ii) 実施設計のための基本事項の確定	基本設計の段階以降に検討された事項のうち、建築主と協議して合意に達しておく必要のあるもの及び検討作業の結果、基本設計の内容に修正を加える必要があるものを整理し、実施設計のための基本事項を確定する。

		(iii) 実施設計方針の策定及び建築主への説明	総合検討の結果及び確定された基本事項を踏まえ、実施設計方針を策定し、建築主に説明する。
(4)	実施設計図書の作成	(i) 実施設計図書の作成	実施設計方針に基づき、建築主と協議の上、技術的な検討、予算との整合の検討等を行い、実施設計図書を作成する。なお、実施設計図書においては、工事施工者が施工すべき建築物及びその細部の形状、寸法、仕様、工事材料、設備機器等の種別、品質及び特に指定する必要のある施工に関する情報（工法、工事監理の方法、施工管理の方法等）を具体的に表現する。
		(ii) 建築確認申請図書の作成	関係機関との事前の打合せ等を踏まえ、実施設計に基づき、必要な建築確認申請図書を作成する。
(5)	概算工事費の検討		実施設計図書の作成が完了した時点において、当該実施設計図書に基づく建築工事に通常要する費用を概算し、工事費概算書を作成する。
(6)	実施設計内容の建築主への説明等		実施設計を行っている間、建築主に対して、作業内容や進捗状況を報告し、必要な事項について建築主の意向を確認する。また、実施設計図書の作成が完了した時点において、実施設計図書を建築主に提出し、建築主に対して設計意図及び実施設計内容の総合的な説明を行う。

ロ　成果図書

(1)　戸建木造住宅以外の建築物に係る成果図書

設計の種類		成果図書
(1) 総合		① 建築物概要書 ② 仕様書 ③ 仕上表 ④ 面積表及び求積図 ⑤ 敷地案内図 ⑥ 配置図 ⑦ 平面図（各階） ⑧ 断面図 ⑨ 立面図（各面） ⑩ 矩計図 ⑪ 展開図 ⑫ 天井伏図（各階） ⑬ 平面詳細図 ⑭ 部分詳細図 ⑮ 建具表 ⑯ 工事費概算書 ⑰ 各種計算書 ⑱ その他確認申請に必要な図書
(2) 構造		① 仕様書 ② 構造基準図 ③ 伏図（各階） ④ 軸組図 ⑤ 部材断面表 ⑥ 部分詳細図 ⑦ 構造計算書 ⑧ 工事費概算書 ⑨ その他確認申請に必要な図書
(3) 設備	(i) 電気設備	① 仕様書 ② 敷地案内図 ③ 配置図 ④ 受変電設備図 ⑤ 非常電源設備図

			⑥ 幹線系統図
			⑦ 電灯、コンセント設備平面図（各階）
			⑧ 動力設備平面図（各階）
			⑨ 通信・情報設備系統図
			⑩ 通信・情報設備平面図（各階）
			⑪ 火災報知等設備系統図
			⑫ 火災報知等設備平面図（各階）
			⑬ 屋外設備図
			⑭ 工事費概算書
			⑮ 各種計算書
			⑯ その他確認申請に必要な図書
	(ii) 給排水衛生設備		① 仕様書
			② 敷地案内図
			③ 配置図
			④ 給排水衛生設備配管系統図
			⑤ 給排水衛生設備配管平面図（各階）
			⑥ 消火設備系統図
			⑦ 消火設備平面図（各階）
			⑧ 排水処理設備図
			⑨ その他設置設備設計図
			⑩ 部分詳細図
			⑪ 屋外設備図
			⑫ 工事費概算書
			⑬ 各種計算書
			⑭ その他確認申請に必要な図書
	(iii) 空調換気設備		① 仕様書
			② 敷地案内図
			③ 配置図
			④ 空調設備系統図
			⑤ 空調設備平面図（各階）
			⑥ 換気設備系統図
			⑦ 換気設備平面図（各階）
			⑧ その他設置設備設計図
			⑨ 部分詳細図
			⑩ 屋外設備図
			⑪ 工事費概算書
			⑫ 各種計算書
			⑬ その他確認申請に必要な図書
	(iv) 昇降機等		① 仕様書
			② 敷地案内図
			③ 配置図
			④ 昇降機等平面図
			⑤ 昇降機等断面図
			⑥ 部分詳細図
			⑦ 工事費概算書
			⑧ 各種計算書
			⑨ その他確認申請に必要な図書

(注) 1 建築物の計画に応じ、作成されない図書がある場合がある。
2 「総合」とは、建築物の意匠に関する設計並びに意匠、構造及び設備に関する設計をとりまとめる設計を、「構造」とは、建築物の構造に関する設計を、「設備」とは建築物の設備に関する設計をいう。
3 「昇降機等」には、機械式駐車場を含む。

(2) 戸建木造住宅に係る成果図書

設計の種類	成果図書
(1) 総合	① 建築物概要書 ② 仕様書 ③ 仕上表 ④ 面積表 ⑤ 敷地案内図 ⑥ 配置図 ⑦ 平面図（各階） ⑧ 断面図 ⑨ 立面図（各面） ⑩ 矩計図 ⑪ 展開図 ⑫ 天井伏図 ⑬ 建具表 ⑭ 工事費概算書 ⑮ その他確認申請に必要な図書
(2) 構造	① 仕様書 ② 基礎伏図 ③ 床伏図 ④ はり伏図 ⑤ 小屋伏図 ⑥ 軸組図 ⑦ 構造計算書 ⑧ 工事費概算書 ⑨ その他確認申請に必要な図書
(3) 設備	① 仕様書 ② 設備位置図（電気、給排水衛生及び空調換気） ③ 工事費概算書 ④ その他確認申請に必要な図書

（注） 1　建築物の計画に応じ、作成されない図書がある場合がある。
　　　 2　「総合」とは、建築物の意匠に関する設計並びに意匠、構造及び設備に関する設計をとりまとめる設計を、「構造」とは、建築物の構造に関する設計を、「設備」とは建築物の設備に関する設計をいう。
　　　 3　別添二第十五号に該当する建築物については、確認申請に必要な図書のみとする。

三　工事施工段階で設計者が行うことに合理性がある実施設計に関する標準業務

　工事施工段階において、設計者が、設計意図を正確に伝えるため、前号ロに掲げる成果図書に基づき、質疑応答、説明、工事材料、設備機器等の選定に関する検討、助言等を行う次に掲げる業務をいう。

項目	業務内容
(1) 設計意図を正確に伝えるための質疑応答、説明等	工事施工段階において、設計意図を正確に伝えるための質疑応答、説明等を建築主を通じて工事監理者及び工事施工者に対して行う。また、設計図書等の定めにより、設計意図が正確に反映されていることを確認する必要がある部材、部位等に係る施工図等の確認を行う。
(2) 工事材料、設備機器等の選定に関する設計意図の観点からの検討、助言等	設計図書の定めにより、工事施工段階において行うことに合理性がある工事材料、設備機器及びそれらの色、柄、形状等の選定に関して、設計意図の観点からの検討を行い、必要な助言等を建築主に対して行う。

2 工事監理に関する標準業務及びその他の標準業務

一 工事監理に関する標準業務

前項第二号ロに定める成果図書に基づき、工事を設計図書と照合し、それが設計図書のとおりに実施されているかいないかを確認するために行う次に掲げる業務をいう。

項目		業務内容
(1) 工事監理方針の説明等	(i) 工事監理方針の説明	工事監理の着手に先立って、工事監理体制その他工事監理方針について建築主に説明する。
	(ii) 工事監理方法変更の場合の協議	工事監理の方法に変更の必要が生じた場合、建築主と協議する。
(2) 設計図書の内容の把握等	(i) 設計図書の内容の把握	設計図書の内容を把握し、設計図書に明らかな、矛盾、誤謬、脱漏、不適切な納まり等を発見した場合には、建築主に報告し、必要に応じて建築主を通じて設計者に確認する。
	(ii) 質疑書の検討	工事施工者から工事に関する質疑書が提出された場合、設計図書に定められた品質（形状、寸法、仕上がり、機能、性能等を含む。）確保の観点から技術的に検討し、必要に応じて建築主を通じて設計者に確認の上、回答を工事施工者に通知する。
(3) 設計図書に照らした施工図等の検討及び報告	(i) 施工図等の検討及び報告	設計図書の定めにより、工事施工者が作成し、提出する施工図（躯体図、工作図、製作図をいう。）、製作見本、見本施工等が設計図書の内容に適合しているかについて検討し、建築主に報告する。
	(ii) 工事材料、設備機器等の検討及び報告	設計図書の定めにより、工事施工者が提案又は提出する工事材料、設備機器等（当該工事材料、設備機器等に係る製造者及び専門工事業者を含む。）及びそれらの見本が設計図書の内容に適合しているかについて検討し、建築主に報告する。
(4) 工事と設計図書との照合及び確認		工事施工者の行う工事が設計図書の内容に適合しているかについて、設計図書に定めのある方法による確認のほか、目視による確認、抽出による確認、工事施工者から提出される品質管理記録の確認等、確認対象工事に応じた合理的方法により確認を行う。
(5) 工事と設計図書との照合及び確認の結果報告等		工事と設計図書との照合及び確認の結果、工事が設計図書のとおりに実施されていないと認めるときは、直ちに、工事施工者に対して、その旨を指摘し、当該工事を設計図書のとおりに実施するよう求め、工事施工者がこれに従わないときは、その旨を建築主に報告する。なお、工事施工者が設計図書のとおりに施工しない理由については建築主に書面で報告した場合においては、建築主及び工事施工者と協議する。
(6) 工事監理報告書等の提出		工事と設計図書との照合及び確認を全て終えた後、工事監理報告書等を建築主に提出する。

二 その他の標準業務

前号に定める業務と一体となって行われる次に掲げる業務をいう。

項目	業務内容
(1) 請負代金内訳書の検討及び報告	工事施工者から提出される請負代金内訳書の適否を合理的な方法により検討し、建築主に報告する。
(2) 工程表の検討及び報告	工事請負契約の定めにより工事施工者が作成し、提出する工程表について、工事請負契約に定められた工期及び設計図書に定められた品質が確保できないおそれがあるかについて検討し、確保できないおそれがあると判断するときは、その旨

			を建築主に報告する。
(3) 設計図書に定めのある施工計画の検討及び報告			設計図書の定めにより、工事施工者が作成し、提出する施工計画（工事施工体制に関する記載を含む。）について、工事請負契約に定められた工期及び設計図書に定められた品質が確保できないおそれがあるかについて検討し、確保できないおそれがあると判断するときは、その旨を建築主に報告する。
(4) 工事と工事請負契約との照合、確認、報告等	(i) 工事と工事請負契約との照合、確認、報告		工事施工者の行う工事が工事請負契約の内容（設計図書に関する内容を除く。）に適合しているかについて、目視による確認、抽出による確認、工事施工者から提出される品質管理記録の確認等、確認対象工事に応じた合理的な方法により確認を行う。なお、確認の結果、適合していない箇所がある場合、工事施工者に対して是正の指示を与え、工事施工者がこれに従わないときは、その旨を建築主に報告する。
	(ii) 工事請負契約に定められた指示、検査等		工事請負契約に定められた指示、検査、試験、立会い、確認、審査、承認、助言、協議等（設計図書に定めるものを除く。）を行い、また工事施工者がこれを求めたときは、速やかにこれに応じる。
	(iii) 工事が設計図書の内容に適合しない疑いがある場合の破壊検査		工事施工者の行う工事が設計図書の内容に適合しない疑いがあり、かつ、破壊検査が必要と認められる相当の理由がある場合にあっては、工事請負契約の定めにより、その理由を工事施工者に通知の上、必要な範囲で破壊して検査する。
(5) 工事請負契約の目的物の引渡しの立会い			工事施工者から建築主への工事請負契約の目的物の引渡しに立会う。
(6) 関係機関の検査の立会い等			建築基準法等の法令に基づく関係機関の検査に必要な書類を工事施工者の協力を得てとりまとめるとともに、当該検査に立会い、その指摘事項等について、工事施工者等が作成し、提出する検査記録等に基づき建築主に報告する。
(7) 工事費支払いの審査	(i) 工事期間中の工事費支払い請求の審査		工事施工者から提出される工事期間中の工事費支払いの請求について、工事請負契約に適合しているかどうかを技術的に審査し、建築主に報告する。
	(ii) 最終支払い請求の審査		工事施工者から提出される最終支払いの請求について、工事請負契約に適合しているかどうかを技術的に審査し、建築主に報告する。

別添二

建築物の類型	建築物の用途等	
	第1類（標準的なもの）	第2類（複雑な設計等を必要とするもの）
一　物流施設	車庫、倉庫、立体駐車場等	立体倉庫、物流ターミナル等
二　生産施設	組立工場等	化学工場、薬品工場、食品工場、特殊設備を付帯する工場等
三　運動施設	体育館、武道館、スポーツジム等	屋内プール、スタジアム等
四　業務施設	事務所等	銀行、本社ビル、庁舎等
五　商業施設	店舗、料理店、スーパーマーケット等	百貨店、ショッピングセンター、ショールーム等
六　共同住宅	公営住宅、社宅、賃貸共同住宅、寄宿舎等	分譲共同住宅等
七　教育施設	幼稚園、小学校、中学校、高等学校等	―
八　専門的教育・研究施設	大学、専門学校等	大学（実験施設等を有するもの）、専門学校（実験施設等を有するもの）、研究所等
九　宿泊施設	ホテル、旅館等	ホテル（宴会場等を有するもの）、保養所等
十　医療施設	病院、診療所等	総合病院等
十一　福祉・厚生施設	保育園、老人ホーム、老人保健施設、リハビリセンター等	多機能福祉施設等
十二　文化・交流・公益施設	公民館、集会場、コミュニティセンター等	映画館、劇場、美術館、博物館、図書館、研修所、警察署、消防署等
十三　戸建住宅（詳細設計及び構造計算を必要とするもの）	戸建住宅	―
十四　戸建住宅（詳細設計を必要とするもの）	戸建住宅	―
十五　その他の戸建住宅	戸建住宅	―

(注)　1　社寺、教会堂、茶室等の特殊な建築物及び複数の類型の混在する建築物は、本表には含まれない。
　　　2　第1類は、標準的な設計等の建築物が通常想定される用途を、第2類は、複雑な設計等が必要とされる建築物が通常想定される用途を記載しているものであり、略算方法による算定にあたっては、設計等の内容に応じて適切な区分を適用すること。

別添三

1 別添一第１項に掲げる業務内容に係る標準業務人・時間数は、別添二に掲げる建築物の類型ごとに、別表第１の１から別表第15までの表の㈠設計の欄に掲げるものとする。

2 別添一第２項に掲げる業務内容に係る標準業務人・時間数は、別添二に掲げる建築物の類型ごとに、別表第１の１から別表第15までの表の㈡工事監理等の欄に掲げるものとする。

3 次に掲げる表において、総合の欄に掲げる標準業務人・時間数は、㈠設計の欄においては別添一第１項第一号ロ及び第二号ロの各表の⑴総合の欄に掲げる成果図書に係る標準業務人・時間数と、㈡工事監理等の欄においては別添一第１項第二号ロの各表の⑴総合の欄に掲げる成果図書に係る標準業務人・時間数とする。

4 次に掲げる表において、構造の欄に掲げる標準業務人・時間数は、㈠設計の欄においては別添一第１項第一号ロ及び第二号ロの各表の⑵構造の欄に掲げる成果図書に係る標準業務人・時間数と、㈡工事監理等の欄においては別添一第１項第二号ロの各表の⑵構造の欄に掲げる成果図書に係る標準業務人・時間数とする。ただし、平面及び立面が不整形であるなど特殊な形状の建築物にあっては1.3、軟弱な地盤であるなど特殊な敷地上の建築物にあっては1.2、特殊な敷地上の特殊な形状の建築物にあっては1.4を標準とする倍数を、それぞれ該当する業務人・時間数に乗じたものを標準業務人・時間数とする。

5 次に掲げる表において、設備の欄に掲げる標準業務人・時間数は、㈠設計の欄においては別添一第１項第一号ロ及び第二号ロの各表の⑶設備の欄に掲げる成果図書に係る標準業務人・時間数と、㈡工事監理等の欄においては別添一第１項第二号ロの各表の⑶設備の欄に掲げる成果図書に係る標準業務人・時間数とする。ただし、中央管理方式の空気調和設備、スプリンクラー設備等の自動式の消火設備などの機能水準が高い設備が設けられる建築物にあっては、1.4を標準とする倍数を該当する業務人・時間数に乗じたものを標準業務人・時間数とする。

6 次に掲げる表において、標準業務人・時間数は、一級建築士として２年又は二級建築士として７年の建築に関する業務経験を有する者が設計又は工事監理等を行うために必要な業務人・時間数の標準を示したものである。

7 次に掲げる表において、床面積の算定は、建築物の各階又はその一部で壁その他の区画の中心線で囲まれた部分の水平投影面積によるものとする。

別添三　別表第1の1から別表第15〔略〕

別添四

1　設計に関する標準業務に附随する標準外の業務

　　設計受託契約に基づき、別添一第1項に掲げる設計に関する標準業務に附随して実施される業務は、次に掲げるものとする。

　一　住宅の品質の確保の促進等に関する法律第5条第1項に規定する住宅性能評価に係る業務

　二　エネルギーの使用の合理化に関する法律第73条第1項に規定する建築物の外壁、窓等を通しての熱の損失の防止及び建築物に設ける空気調和設備等に係るエネルギーの効率的利用のための判断に係る業務

　三　建築物の断熱性や快適性など建築物の環境性能の総合的な評価手法（建築物総合環境性能評価システム）等による評価に係る業務

　四　建築物の耐震改修の促進に関する法律第2条第1項に規定する耐震診断その他建築物の地震に対する安全性の評価に係る業務

　五　建築物の防災に関する計画の作成に係る業務

　六　建築主が第三者に有償で委託した設計の代替案に関する評価に係る業務

　七　設計に係る成果図書に基づく詳細工事費の算定に係る業務

　八　長期優良住宅の普及の促進に関する法律（平成二十年法律第八十七号）第5条第1項から第3項までの規定による住宅の建築及び維持保全に関する計画の作成に係る業務

2　工事監理に関する標準業務及びその他の標準業務に附随する標準外の業務

　　工事監理受託契約に基づき、別添一第2項に掲げる工事監理に関する標準業務及びその他の標準業務に附随して実施される業務は、次に掲げるものとする。

　一　住宅の品質の確保の促進等に関する法律第5条第1項に規定する住宅性能評価に係る業務

　二　建築物の断熱性や快適性など建築物の環境性能の総合的な評価手法（建築物総合環境性能評価システム）等による評価に係る業務

　三　建築主と工事施工者の工事請負契約の締結に関する協力に係る業務

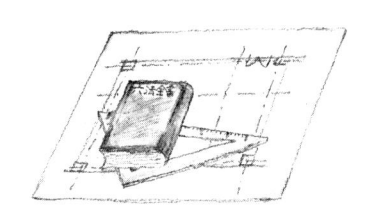

著者紹介

大森文彦(おおもり・ふみひこ)

東京大学工学部建築学科卒。
現在、弁護士、東洋大学法学部教授、一級建築士。
中央建設工事紛争審査会委員、社会資本整備審議会臨時委員、日本建築学会司法支援建築会議運営委員会委員、最高裁判所建築関係訴訟委員会特別委員ほか。
著書に
『建築の著作権入門』(2006・大成出版社)
『建築工事の瑕疵責任入門』(新版・2007・大成出版社)
『建築士の法的責任と注意義務』(2007・新日本法規出版)
『建築関係訴訟の実務』(共著・2002・新日本法規出版)
『民間(旧四会)連合協定工事請負契約約款の解説』
　　　　　　　　　　　　　　(共著・2009・大成出版社)
『四会連合協定建築設計・監理等業務委託契約約款の解説』
　　　　　　　　　　　　　　(共著・2009・大成出版社)
「新しい建築士制度の解説」(共著・2012・大成出版社)
等がある。

大成ブックス

新・建築家の法律学入門

2012年11月10日　第1版第1刷発行

著　者	大　森　文　彦	
発行者	松　林　久　行	
発行所	株式会社 大成出版社	

東京都世田谷区羽根木1－7－11
〒156-0042　電話03(3321)4131(代)

Ⓒ2012　大森文彦　　　　　　　　印刷／亜細亜印刷
落丁・乱丁はお取替えいたします。
ISBN978-4-8028-3002-7

大成ブックスの刊行にあたって

　21世紀は、高度情報化社会で、かつてないさまざまな媒体から、多くの情報がもたらされています。

　小社は単行本をはじめ、加除式法規、その法規類の解説書を中心とした、専門書の出版活動をおこなってまいりました。系統だってはおりますが、概論的なところもあります。

　この大成ブックスは、法律に不慣れな方や若い読者層を対象に、多くの知りたいこと、考えたいことを、それぞれのテーマで、わかりやすく読める形に編集したものです。

　みなさまの御支援により、この大成ブックスが、より広く読者に受け容れられますよう、願ってやみません。ひいてはそれが、各産業界の発展にいささかなりとも貢献できることではないかと考えます。

　忌憚のないご意見、ご感想をお寄せいただければ、幸甚です。

　　　2006年6月